Herausgeber:
Christian Abegglen

Transfer & Auslagerung

Hagen Höhl
Thomas Gazlig

Publikationsreihe
Ganzheitliches Management in der Praxis
Band 8

Ausgewählte Diplomarbeiten der St. Galler Business School

D1699770

ST. GALLER
BUSINESS BOOKS & TOOLS
GENERAL MANAGEMENT SERIES

Die Deutsche Bibliothek – CIP-Einheitsaufnahme

Transfer und Auslagerung
Publikationsreihe Ganzheitliches Management in der Praxis, Band 8
Ausgewählte Diplomarbeiten der St. Galler Business School – Herausgegeben von Christian Abegglen
Business Books & Tools St. Gallen; St. Gallen 2012

(Edition General Management Series)
ISBN 978-3-905379-34-1

http://www.sgbbt.ch
E-Mail: info@sgbbt.ch

Höchste inhaltliche und technische Qualität unserer Produkte ist unser Ziel. Bei der Produktion und Verbreitung unserer Werke wollen wir die Umwelt schonen. Dieses Buch ist deshalb auf säurefreiem und chlorfrei gebleichtem Papier gedruckt. Die Einschweißfolie besteht aus Polyäthylen und damit aus organischen Grundstoffen, die weder bei der Herstellung noch bei Verbrennung Schadstoffe freisetzen.

Druck und Buchbinder: Rosch-Buch, D-Scheßlitz
Printed in Germany

ISBN 978-3-905379-34-1

Vorwort des Herausgebers

Das Konjunkturrad dreht sich immer schneller. Rascher Wandel scheint gerade auch in der Wirtschaftsentwicklung zum Dauerzustand geworden zu sein. Erstreckten sich noch vor nicht all zu langer Zeit Konjunkturzyklen über 6-10 Jahre, lässt sich aktuell eine deutlich zusammengestauchte Amplitude erkennen. Nicht nur aufgrund des immer schneller dahinwogenden Auf und Abs ist ein starker Magen notwendige Voraussetzung für Wirtschaftskapitäne geworden. Gemütliches Dahingleiten ist nun endgültig nicht mehr möglich, vielmehr muss die Umgebung ganzheitlich aufnehmend mal gekreuzt, mal gepaddelt, mal gesurft werden.

Dies erfordert ein Management, dass sich nicht mit eindimensionalen, nur kurzfristig wirkenden Massnahmebündeln aufhält, sondern solche Denk- und Handlungsweisen konsequent lebt, die nachhaltige Unternehmensentwicklung sicher zu bewerkstelligen vermögen. Dazu ist ein geprüftes und sich bewährendes, tragfähiges Basiskonzept notwendig. Dieses haben Wissenschafter und Praktiker dem St. Galler Gedankengut folgend bereits vor einigen Jahrzehnten entwickelt. Als „Leerstellengerüst für Sinnvolles" (Ulrich, Bleicher) dient es der Bewältigung von Komplexität und der Sicherung eines langfristig, erfolgreichen Corporate Developments der Unternehmung.

Der stetig weiterentwickelte und präzisierte St. Galler Management Ansatz liefert einen handfesten Bezugsrahmen, um die für ein erfolgreiches Corporate Development der Unternehmung notwendigen Managementsysteme adäquat zu gestalten und zu steuern. So liegt das St. Galler Konzept Integriertes Management sämtlichen Seminaren, Diplomstudiengängen sowie innerbetrieblichen Veranstaltungen der St. Galler Business School zu Grunde.

Innerhalb einer zunehmend spezialisierten Welt, braucht es eine integrierende Klammer – ein ganzheitliches Instrumentarium das den Blick auf das Gesamte richtet – ein Objektiv das eine Refokussierung erlaubt und unterstützt. Nur so ist es möglich Bildausschnitte richtig zu deuten, Pixel richtig zuzuordnen und Konturen vom „Ist" und möglichem „Soll" zu erkennen.

Vor diesem Hintergrund präsentieren wir Ihnen auch 2012 wiederum 3 Bände mit ausgesuchten praxisorientierten Diplomarbeiten, welche im Rahmen von Studiengängen der St. Galler Business School erarbeitet worden sind.

Im Verlauf Ihres Studiums haben sich die AbsolventenInnen der berufsbegleitenden Studiengänge intensiv mit Fragestellungen eines erfolgreichen ganzheitlichen integrierten Managements auseinandergesetzt. Grundlage ist das integrierte, system- und umsetzungsorientierte Konzept der St. Galler Management-Lehre wie es von unserem ehemaligen wissenschaftlichen Leiter Prof. Dr. Dres. h.c. Knut Bleicher geprägt wurde. In diesem Konzept wird zwischen normativen, strategischen und operativen Dimensionen unterschieden, die im Hinblick auf notwendige Aktivitäten, Strukturen und Verhalten in Einklang zu bringen sind, um eine langfristige Lebensfähigkeit zu sichern. Deren Analyse und anschliessende bewusste Gestaltung bietet dem Management die Möglichkeit, präzise Aussagen zum Entwicklungsstand und zur zukünftigen Ausrichtung eines Unternehmens zu machen.

In aktuell neun Sammelbänden (3 Bände im Jahr 2010, 3 Bände im Jahr 2011, 3 Bände im Jahr 2012) werden zentrale Fragestellungen erfolgreichen integrierten Managements diskutiert und anhand von konkreten praktischen Unternehmensbeispielen illustriert. Damit soll der interessierten Leserschaft eine Plattform geboten werden, sich ausgehend vom bewährten St. Galler Management Ansatz mit aktuellen praxisnahen Fragestellungen aus der Wirtschaftspraxis auseinander zu setzen.

Gerade in Zeiten turbulenter Umbrüche rücken immer häufiger sogenannte „Marke or Buy Entscheidungen" ins Zentrum des unternehmerischen Radars. Damit einhergehend spielen eine Konzentration auf Kernkompetenzen, der Aufbau von Know-how bzw. auch der Transfer von Wissen und Technologien eine zunehmend bedeutsame Rolle. Aus diesem Grunde steht der **Band 8** ganz im Zeichen des Themenkreises „Transfer und Auslagerung". Outsourcing beschreibt mit einem Wort eine Vielzahl von solchen Möglichkeiten, die sich im Laufe der letzten Jahre entwickelt haben. Diese werden im ersten Beitrag von Hagen Höhl aufgegriffen und mit den Begrifflichkeiten Off-, On- und Nearshoring konfrontiert. Nach einer detaillierten Auseinandersetzung mit Möglichkeiten und Grenzen der Identifikation verlagerungsfähiger Leistungen werden sowohl ein Fragekatalog, der sog. Verlagerungs-Check sowie vor Off- bzw. Onshore-Entscheidungen zu überprüfende Kriterien erarbeitet.

Der zweite Beitrag verfasst von Thomas Gazlig soll dazu beitragen, Innovationspotenziale an der Schnittstelle von Grundlagenforschung und Wirtschaft besser auszuschöpfen. Hierbei muss sich der Technologietransfer auf neue Anforderungen einstellen d.h. Transfereinrichtungen sind gefordert sich auf Kernkompetenzen fokussieren und gleichzeitig den Wandel von der Technologie- zur Nutzenorientierung vollziehen. Dabei gewinnt insbesondere die Initiierung und aktive Gestaltung von Beziehungen zwischen Wissenschaftlern und Unternehmensvertretern als Schlüsselelement erfolgreichen Technologietransfer an Bedeutung. Der Beitrag endet der Vorstellung des sog. „Relationship-Management-Konzepts" – einem Vorschlag zur praxisrelevanten Umsetzung dieser Erfordernis.

Band 7 widmet sich dem breiten Themenspektrum von „Planen und Optimieren" und greift mittels unterschiedlich gelagerter Beiträge wesentliche Faktoren der erfolgreichen Führung der Unternehmung auf. Der erste Beitrag verfasst von Armin Huerlimann beschäftigt sich mit der Optimierung von Geschäftsprozessen durch den Einsatz moderner Kollaborations-Technologien. Im Fokus steht hierbei die optimale Unterstützung des Kerngeschäfts einer Firma durch den Einsatz moderner Kommunikations- und Kollaborationstechnologien sowie die Umsetzung dieser nötigen Leistungen im Rahmen einer zu gründenden Beratungsfirma für welche ein fundierter Businessplan erarbeitet wird.

Im zweiten Beitrag von Alexander Hust wird der Ausbau der Kosten- und Leistungsrechnung in einem Industriebetrieb zu einem Führungsinstrument behandelt. Ziel dieses Textes ist die Weiterentwicklung der aktuellen Rechnungswesenlandschaft zu einer Kosten- und Leistungsrechnung, die den Anforderungen eines führungsorientierten Management Accounting gerecht wird. Hierzu wird zunächst die momentane Rechnungswesenlandschaft dargestellt und auf ihre Stärken und Schwächen hin untersucht, um darauf aufbauend den Ausbau zu einem Führungsinstrument zu erläutern.

Märkte als Orte des Zusammentreffens von Angebot und Nachfrage sowie auch Wettbewerbsschauplätze sind mit die wesentlichsten Elemente unseres Wirtschaftssystems. **Band 9** beschäftigt sich daher mit den Bereichen Wettbewerb und Marktbearbeitung. Der erste Beitrag von Simone Bliem analysiert Wettbewerbs- und Marktbearbeitungsstrategien für den E-Participation Markt in Deutschland. Mittlerweile ist E-Participation in Deutschland zunehmend Gegenstand von Ausschreibungen der öffentlichen Verwaltung, sei es als ein Teilbereich von E-Government-Projekten im Sinne eines Qualitätsmerkmals oder als ausschließliches E-Participation-Projekt. Nach umfassenden Analyse wird eine Wettbewerbs- und Marktbearbeitungsstrategie für den E-Participation Markt in Deutschland erarbeitet. Innovationen in Produkte und Prozesse sind heute unerlässlich für Unternehmen, die am Markt dauerhaft erfolgreich sein wollen.

Der zweite Beitrag von Wolfgang Blender beschäftigt sich mit der Generierung und selektiven Argumentation von Alleinstellungsmerkmalen. Hat man die Alleinstellungsmerkmale identifiziert, gilt es jeweils ein Concept Board dazu zu erstellen, das die Problemstellung des Kunden beschreibt, die Innovation darstellt, den Kundennutzen umschreibt und ihn belegt, um am Ende einen kurzen Slogan daraus zu formen, der möglichst einprägsam ist.

Es sind nicht starre mechanistische Lösungen, die zum Erfolg führen, als vielmehr zeitgerechte, wenn auch nicht ganz perfekte Herangehensweisen im Umgang mit komplexen Aufgaben, was im Denken und Handeln der Mitarbeitenden und Führungskräfte eine neue Offenheit verlangt, die durch zielorientiertes strategisches und operatives Management, eine flexible und vernetzte Organisationsstruktur und vor allem eine auf organisationales Lernen ausgerichtete Unternehmungskultur gefördert wird. Deshalb wollen wir mit den vorliegenden drei neuen Bänden der Reihe „Ganzheitliches Management in der Praxis" wiederum neue Anstösse für die interessierte Leserin, den interessierten Leser liefern.

Wir hoffen, diese Praxisbeispiele geben Anregungen zum Nachdenken und helfen den Kreativen und Mutigen, neue Wege zu gehen und den Transfer in die eigene Praxis zu vollziehen.

Dr. Christian Abegglen

Gründungsdirektor und Verwaltungsratspräsident der St. Galler Business School

Bereits erschienen im Jahr 2010 und 2011: Ganzheitliches Management in der Praxis - Ausgewählte Diplomarbeiten der St. Galler Business School

Band 1: Ideen- und Innovationsmanagement

Markus Heubi: Businessplan SBB Shop – Ein Businessplan für eine interne Sozialfirma der SBB.

Robert Hormes: SCHOTT Pharmaceutical Packaging fit für die Zukunft: Entwickeln und implementieren eines integrierten Ideenmanagements.

Rainer Brockmöller: Standortanalyse und Entwicklung einer Standortstrategie am Beispiel eines Matratzen Fachmarkt Konzeptes in Deutschland.

Im Mittelpunkt von **Band 1** steht erfolgreiches Ideen- und Innovationsmanagement anhand von konkreten Unternehmensbeispielen. Über die Ist-Analyse eines bestehenden Geschäftsmodells wird die Idee der Gründung einer Sozialfirma der Schweizerischen Bundesbahnen (SBB) anhand der Kriterien eines Businessplanes analysiert. Über den Businessplan werden Zukunftsaussichten und mögliche Erfolgsfaktoren für ein neues Geschäftsmodell aufgezeigt. Am Beispiel der Firma SCHOTT erfolgt die Entwicklung und Einführung eines integrierten Ideen- und Innovationsmanagements für Prozess- und Produktinnovationen. Der Schwerpunkt liegt dabei auf der Ideensammlung und -bewertung. Wie eine Standortstrategie anhand der Analyse des Standortprofils eines Verkaufsgebietes im Geschäft der Matratzen Concord GmbH entwickelt wird, zeigt der dritte Artikel dieses Sammelbandes auf. Über die quantitative und qualitative Analyse bestehender Standorte und ein daraus verändertes Standortprofil werden Erfolgsstrategien entwickelt, um das zukünftige Wachstum und Expansion zu sichern.

Band 2: Ganzheitliche Unternehmensanalyse

Karl Paukner: Der systemische Methodenkoffer. Strategieentwicklung und strategisches Consulting in der Managementpraxis.

Jannis Lindschau: Die Relevanz sozialer Verantwortung in Unternehmenskulturen im Kontext der gesellschaftlichen Werteentwicklung.

Der Band 2 beschäftigt sich intensiv mit der ganzheitlichen Unternehmensanalyse, wobei hier der Fokus auf der Zusammenführung von systemischen (Kommunikations-) Modellen und dem St. Galler Management Ansatzes liegt. Auch hier wird die kritische Auseinandersetzung wieder an konkreten Unternehmensbeispielen exemplarisch veranschaulicht. Besonderer Schwerpunkt in Band 2 liegt dabei auf der operativen Umsetzung der Modelle. Am Beispiel der Österreichischen Bundesbahnen (ÖBB) erfolgt die anwendungsbezogene Darstellung der Implementierung ganzheitlicher integrierter Personalentwicklungs- und Strategieprozesse anhand systemischer Modelle und Interventionen. Neben der strategischen Dimension beleuchtet ein weiterer Beitrag auch den normativen Aspekt des St. Galler Management Modells. Ausgehend von der gesellschaftlichen Werteentwicklung der letzten Jahre sowie zu-künftiger Trends erfolgt die Vorstellung der gelebten Werte innerhalb des Unternehmens Edel AG. Die Ableitung von Erfolgsfaktoren für die aktive Steuerung der Unternehmenskultur im Kontext von innerer und äusserer Kommunikation bildet eine praxisnahe Vertiefung der normativen Dimension.

Band 3: Erschliessung neuer Geschäftsfelder

Swen Postels: Betreibermodell für Software-as-a-Service Podukte am Beispiel von professionellem IT-Service-Management.

Sabine Kerum: Die zukünftige Rolle des Pharmaaußendienstes in einem sich verändernden gesundheitspolitischen Umfeld in Deutschland am Beispiel der Muster Pharma GmbH.

Bei **Band 3** steht die Erschliessung neuer strategischer Geschäftsfelder im Vordergrund. Gerade im Kontext von Wandel und Innovationsbereitschaft wesentlich, folgen in diesem Band Analysen bestehender und ableitend daraus die Untersuchung der Gründung neuer strategischer Geschäftsfelder. Die Entwicklung der Idee bis hin zur Prüfung auf Praktikabilität und der Überführung in einen Businessplan werden am Beispiel der Sitgate AG aus dem Bereich der Informationstechnologie dargestellt. Anknüpfend an den integrativen Managementansatz wird zur gelungenen Abrundung des Bandes - und gerade auch im Kontext von gesellschaftlichem Wandel und Veränderungen in Organisationen wesentlich - die Modifizierung von Vertriebsmodellen am Beispiel des deutschen Pharmamarktes diskutiert. Besonderer Schwerpunkt liegt dabei auf den Aspekten Mitarbeiterführung und -entwicklung als Träger von Veränderungsprozessen.

Band 4: Integriertes Key-Account-Management

Hans-Jörg Lindner: Zentrale versus dezentrale Struktur des internationalen Key-Account-Managements mittelständischer Automobil-Zulieferer.

Joachim Schmid: Lean-Management – Lean Sales Process: Konzeption zur systematischen Einführung eines idealen Verkaufsprozesses, basierend auf den Lean Management Methoden im Verkauf und Marketing, für den Groz-Beckert Konzern.

Roger Affeltranger: Evaluation of a National Key Account Management Concept within Selceted Market Organisations of Mettler Toledo Process Analytics.

Band 4 setzt sich anhand von drei Beiträgen mit Möglichkeiten der ganzheitlichen Struktur- und Prozessgestaltung im Sales- und Marketingbereich auseinander. Der erste Beitrag greift dazu die Frage auf, wie zentral oder dezentral ein globales Key Account Management sein sollte und beleuchtet diese Thematik am Beispiel eines mittelständischen Automobil-Zulieferers. Es werden Handlungsempfehlungen sowie zentrale Erfolgsfaktoren abgeleitet, die bei der Restrukturierung eines Grossabnehmer-Vertriebes zu berücksichtigen sind. Der zweite Beitrag untersucht die Auswahl und Implementierung des idealen Verkaufsprozesses für den Groz-Beckert Konzern. Ableitend aus der Analyse des Ist-Zustandes im Kundenbeziehungsmanagement wird eine Soll-Konzeption basierend auf der Lean Management Theorie vorgestellt. Im letzten Beitrag erfolg eine kritische Auseinandersetzung mit den strategischen Herausforderungen bei der Implementierung eines integrierten Key Account Managements am Beispiel der Mettler-Toledo Process Analytics AG.

Band 5: Produktmanagement im Einzelhandel und der Medienwelt

Nina Diana Tebartz: Der strategische Prozess der Produktentwicklung am Beispiel der Muster GmbH.

Wilfried Wüst: New TV Chancen und Risiken für Medienunternehmen.

Dauerhafte Markterfolge eines Unternehmens sind immer auch Ergebnis eines professionellen Produktmanagements. **Band 5** widmet sich mit zwei Beiträgen genau diesem Thema. Am Beispiel der mittelständischen Muster GmbH wird zunächst insbesondere der Prozess der Produktentwicklung, der zentraler Bestandteil des Muster-Produktmanagements ist, diskutiert. Über die Analyse und Bewertung der bestehenden Produktsegmente erfolgt die Darstellung des strategischen Prozesses für die Produktentwicklung in dieser Unternehmung. Im zweiten Beitrag wird die zukünftige Entwicklung im Medien- und Telekommunikationsmarkt durch den Einfluss der digitalen Informationstechnologien thematisiert. Anhand von Kennzahlen erfolgt die Darstellung des aktuellen Stands. Mittels Markterhebungen werden die zukünftige Entwicklung prognostiziert sowie Handlungsoptionen für die Marktteilnehmer aufgezeigt.

Band 6: Strategische Planung & Controlling

Thomas Schuler: Kritische Auseinandersetzung mit den Steuerungsgrössen EBIT und Cash Flow und deren Bedeutung in wirtschaftlich unsicheren Zeiten.

Thomas Schwarz: Grundlagen des Geschäftsrisiko-Managements in Kreditinstituten unter Berücksichtigung der Auswirkung der Finanzmarktkrise 2008/2009.

Tamara Garny: Grobkonzept für ein Planungs- und Controllingsystem im Schweizerischen Versicherungsverband.

Um die aktuellen und zukünftigen Managementaufgaben erfolgreich zu erfüllen, ist es immer entscheidender, die ganzheitlichen Zusammenhänge und Wirkungsmechanismen in Unternehmen zu verstehen und mit dem betriebswirtschaftlichen Wissen und Steuerungsinstrumenten zu vernetzen. **Band 6** greift diese hochbrisante Thematik auf und befasst sich mit den Themen strategische Planung und Controlling. Der erste Beitrag leitet mit einer theorie-orientierten Betrachtung der Steuerungsgrössen EBIT und Cash Flow ein, um ein einheitliches Verständnis dieser beiden Steuerungsgrössen im unternehmerischen Alltag zu schaffen. Der Praxistransfer erfolgt am Beispiel der R&A AG – ein Musterunternehmen tätig in der Metallindustrie. Im zweiten Beitrag geht es um die analytische und konzeptionelle Betrachtung des Geschäftsrisikomanagements unter besonderer Berücksichtigung der Identifizierung von Geschäftsrisiken. Es werden in der Praxis anwendbare Modellansätze für das ganzheitliche Management von Geschäftsrisiken in Kreditinstituten vor dem Hintergrund der Finanzmarktkrise erörtert und diskutiert. Im Mittelpunkt des dritten Beitrags steht die Entwicklung eines Planungs- und Controllingsystems zur Steuerung der Aktivitäten des Schweizerischen Versicherungsverbandes. Der Schwerpunkt des Beitrags liegt dabei auf der Planung als grundlegendes Steuerungsinstrument.

Inhaltsverzeichnis der ausgewählten Diplomarbeiten

Outsourcing und Offshore / Onshore / Nearshore

Warum Outsourcing? Wie werden verlagerungsfähige Leistungen identifiziert?

Hagen Höhl

Inhaltsverzeichnis

Abbildungsverzeichnis

1 Vorwort

Diese Seminararbeit ist Bestandteil meiner Ausbildung zum „Master of Business Administration (MBA) in integrated Management" an der St. Galler Business School (SGBS).

Die Arbeit behandelt einen momentan stark diskutierten Trend im globalen Wettbewerb von Unternehmen, nämlich die Verlagerung von zu erbringenden Leistungen in Niedriglohnländer, um damit Wettbewerbsvorteile gegenüber Konkurrenten zu erreichen.

Outsourcing beschreibt mit einem Wort die Vielzahl von Möglichkeiten, die sich im Laufe der letzten Jahre entwickelt haben. Was aber ist Outsourcing überhaupt? Im Rahmen dieser Seminararbeit soll verdeutlicht werden, dass es dazu auch in der Literatur noch kein einheitliches Bild gibt, weil ständig neue Formen und Varianten der Verlagerung von Leistungen hinzukommen. Dazu zählen Nearshoring, Offshoring, Onshoring oder Rightshoring, die sich zum Beispiel im Hinblick auf die Distanz zwischen Anbieter und Nachfrager unterscheiden.

Außerdem soll in dieser Arbeit verdeutlicht werden, dass es für Unternehmen - entgegen der weit verbreiteten Meinung - mehr als den Grund "Kosteneinsparung" gibt, um Leistungen zu verlagern. Daher wird die Arbeit dann im Kapitel 6 die Kriterien zusammenfassen, die vor dem Treffen einer Off- oder Onshore-Entscheidung zu prüfen sind. Denn auch wenn günstige Kosten locken, sollten Themen wie Qualität, Know-How, Sicherheit und versteckte Kosten abgeprüft sein, bevor eine Leistung final verlagert wird.

2 Einleitung

Unternehmen, die sich im globalen Wettbewerb bewegen, stehen zunehmend unter dem Druck, mehr zu leisten und dafür möglichst wenige Ressourcen einzusetzen. Gerade die etablierten Industrienationen stehen unter einem extremen Wettbewerbsdruck aus Osteuropa, Asien und Südamerika und nur massive Kosteneinsparungen sichern ein Überleben. Dies hat zur Folge, dass Unternehmen zunehmend ihre Prozesse und Leistungen analysieren, um Wertschöpfungs- und Kostenstrukturen umzuorganisieren.

Mit der Globalisierung und der Schaffung von globalen IT-Infrastrukturen haben sich Prozesse in Hinblick auf Entfernung und Zeit verändert. Damit wurde es möglich, nicht nur lohnintensive Produktionsprozesse, sondern nun auch viele Leistungen aus dem Dienstleistungssektor global zu verlagern. Nach Call-Center-Tätigkeiten, kamen auch denkintensive Aufgaben wie Software-Entwicklung hinzu, die heute ohne Probleme in Indien erbracht werden können.

Outsourcing und Offshoring, Begriffe die vor Jahren kaum geläufig waren, beschreiben diesen Mega-Trend, der heute in aller Munde ist. Die Verlagerung von Leistungen in Niedriglohnländer verbunden mit einer intensiven Nutzung und Schaffung einer global vernetzten Infrastruktur ist heute fester Bestandteil der Standort- und Beschaffungsstrategie von global agierenden Unternehmen geworden.

Dabei mussten in der Vergangenheit viele Unternehmen feststellen, dass die möglichen Vorteile einer Offshore-Entscheidung nicht automatisch realisiert werden. Nur die Unternehmen, die im Vorfeld die Leistungen im Hinblick auf Ihre Verlagerungsfähigkeit analysiert haben, konnten die positiven Effekte bergen und nutzen. Andere Unternehmen mussten häufig ihre Entscheidungen wieder revidieren, weil die Verlagerung mehr Schaden als Nutzen erzeugte.

3 Outsourcing

3.1 Versuch einer Begriffsbestimmung

‚Outsourcing' als zusammenfassende Form von ‚Outside resource using' als Begriff klar zu bestimmen, ist angesichts der Vielzahl unterschiedlicher Definitionen ein schwieriges Unterfangen. Unter den Begriff fällt z.b. die Auslieferung von Produkten an multinationale Unternehmen durch unabhängige Lieferanten ebenso wie die Produkte oder Produktteile selbst. Übergeordnet bezeichnet man mit Outsourcing die Vorgehensweise eines Unternehmens, einen externen Lieferanten von Produkten oder Dienstleistungen hinzuzuziehen, die an sich bereits firmenintern hergestellt bzw. durchgeführt wurden oder grundsätzlich hergestellt oder durchgeführt werden könnten.[1] Weil im eigenen Unternehmen aber zum Beispiel benötigtes Fachwissen,

---

[1] Vgl. z.B. Kotabe

5

Personal, Technologien oder Räumlichkeiten fehlen, werden Produkte, Produktteile oder Services extern angefordert. Das Unternehmen muss dabei kalkulieren, ob es sich lohnt, Teile oder das gesamte Tätigkeitsfeld selbst durchzuführen, oder ob Outsourcing eine rentable Alternative zur Selbstherstellung darstellt.

So kann ein Automobilhersteller beispielsweise Einzelteile extern einkaufen, anstatt die Herstellung selbst zu übernehmen, oder ein Unternehmen seine Arbeitsräume von einer externen Reinigungsfirma säubern lassen, ohne selbst Reinigungskräfte einstellen zu müssen.

Neben Produkten oder Produktteilen können also ebenso Tätigkeitsfelder wie z.B. Buchhaltung, IT, Lohn-, Gehalts – und Steuerabrechnungen oder Projektkoordination und Risikomanagement ausgelagert werden.

Der Rückgriff auf externes Fachwissen ermöglicht dabei insofern einen Wettbewerbsvorteil, als dass das Unternehmen neben ggf. kurzfristiger Kostenreduktion auch Geschäftsprozesse rationalisieren, komplexe Prozesse vereinfachen und sich auf die eigenen Kernkompetenzen konzentrieren kann. Dabei spielt die Auswahl des Outsourcing-Partners bei Outsourcing-Verträgen mit in der Regel zwischen fünf bis zehn Jahren Laufzeit eine entscheidende Rolle.

Je erfahrener ein Unternehmen mit der Organisation von Outsourcing-Beziehungen ist, desto leichter fällt es, den passenden externen Partner zu finden. Je erfahrener der Outsourcing-Partner selbst ist, desto größere Kompetenz und Qualifikation ist in der Zusammenarbeit von ihm zu erwarten.

Eine breite Anzahl von Geschäftsfeldern greift auf Outsourcing zurück. Vorrangig wird der produzierende Sektor (v.a. Automobil- oder Bekleidung-sindustrie) hinzugezogen, aber auch der Dienstleistungssektor (v.a. der IT-Bereich) wird zunehmend ausgelagert. So wird IT-Outsourcing mittlerweile in fast allen mittelständischen und großen Unternehmen genutzt, wie eine Studie von CIO Insight zeigt. Ihr zufolge wurden 2009 70,4% der IT-Aufgaben der befragten Unternehmen von externen Anbietern übernommen.[2]

---

[2] D'Agostino, S. 75ff.

Folgende Grafik stellt dar, dass Outsourcing mittlerweile in sehr vielen und ganz unterschiedlichen Geschäftsbereichen genutzt wird:

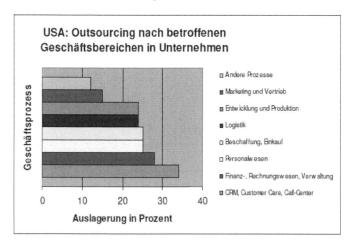

Abbildung 1: Outsourcing nach betroffenen Geschäftsbereich – Meta Group

In letzter Zeit hat sich das so genannte Offshoring (auch Offshore oder Offshore-Outsourcing) als Form des Outsourcing herausgebildet. Auch hier werden Tätigkeiten an einen externen Partner ausgelagert, jedoch unterscheidet sich Offshoring durch den spezifischen Standort im Ausland, während Outsourcing mit nationalen Vertragspartnern betrieben wird. Dadurch ermöglichen Offshore-Prozesse bessere Wege der Kosteneinsparung. Wenn bestimmte Tätigkeiten in Niedriglohnländer ausgelagert werden, in denen das Lohnniveau deutlich geringer ist als in der heimischen Produktionsstätte, können Kosten erheblich reduziert werden. Zum Beispiel können Produktteile oder fertige Produkte von asiatischen Anbietern um bis zu 60% günstiger eingekauft werden, als wenn man sie selbst herstellt.[3]

3.2 Entwicklung des Outsourcings

Betriebliche Produktionsprozesse oder andere Tätigkeitsbereiche extern einzukaufen ist keine moderne Entwicklung, sondern eine Strategie, die schon in der industriellen Revolution verwendet wurde.

---

[3] Vgl. Bettis et al., S. 11.

Während Outsourcing in den 50er Jahren hauptsächlich aus Kostengründen betrieben wurde, um unwirtschaftliche Unternehmensfunktionen wie Logistik, Druckerei, Wach-/Sicherheits- oder Kantinendienste zu umgehen[4], war es gegen Ende des 20. Jahrhunderts besonders der Bereich der Fertigung, der im Sinne klassischer Beschaffung ausgelagert wurde. Unternehmensmittel wurden zunächst an einen externen Anbieter verkauft und dann wieder in Form von Leistungserbringung des Outsourcing-Partners für das eigene Unternehmen verwendet. Ziel war es, die Wettbewerbsfähigkeit zu erhöhen.[5] Als eine der ersten haben japanische Unternehmen dieses Verfahren angewendet, das dann von US-amerikanischen Firmen nachgeahmt wurde.

Die Entwicklung zum Outsourcing stieg seit der ersten Entscheidung zur Auslagerung von IT-Prozessen durch die Firma Kodak und dem EDV-Auslagerungsvertrag von General Motors Ende der 80er Jahre rasant. Weitere Unternehmen wie Continental Airlines, Xerox, General Dynamics oder British Petroleum folgten der erfolgreichen Strategie.

Allerdings haben sich die Bedingungen für Outsourcing bis heute stark verändert. Fortschrittliche Technologien, die Entwicklung des Internets, neue Möglichkeiten der Datenspeicherung, erhöhte Funktionssicherheit und der Preiseinfall von Breitbandnetzwerken schafft insbesondere für IT-Outsourcing völlig neue Perspektiven. Digitalisierung und technischer Fortschritt führen dazu, dass auch mehr und mehr Dienstleistungen ausgelagert werden. Digitale Waren können global gehandelt, Daten können schnell und einfach kopiert und gespeichert werden. Das Internet ermöglicht es Kunden und Anbietern weltweit Geschäftsprozesse (auch zwischen Industrienationen und so genannten Dritte-Welt-Ländern) online abzuwickeln. Der IT-Bereich hat durch die Entwicklung und Verbreitung von Standardsoftware erheblich dazu beigetragen, die Fremdvergabe von Industrie- und Dienstleistungsunternehmen zu fördern. Diese Standardisierung war ebenfalls ausschlaggebend für die Möglichkeit von Offshore-Vergaben.

---

[4] Vgl. Hollenkamp, S. 2ff.

[5] Vgl. Gilley et al., S. 763.

8

Die Art und Breite, Outsourcing zu nutzen, unterscheidet sich allerdings von Unternehmen zu Unternehmen erheblich. Einige belassen einen Großteil der Geschäftsprozesse im eigenen Unternehmen, andere lagern sogar große Teile der Produktion aus. Outsourcing entwickelt ständig neue Formen. Das führt dazu, dass heute sogar Kernfunktionen wie Konstruktion, Forschung und Entwicklung, Marketing und Produktion extern vergeben werden können. Daraus folgen Veränderungen in den Organisationsstrukturen, Wertschöpfungsketten und der Wettbewerbsfähigkeit der vergebenden Firmen. Grundsätzlich ist es möglich, jeden Bereich der Wertschöpfungskette auszulagern und Unternehmen sind bestrebt, ihre Wettbewerbsfähigkeit zu erhöhen, indem sie auf ein Höchstmaß an Kostenreduktion, Rationalisierung der Organisation und Qualität zielen.

3.3 Arten von Outsourcing

Unternehmen, die ihre Geschäftsprozesse und Tätigkeiten größtenteils selbst durchführen, vergeben nur wenig an externe Partner und können so das eigene Unternehmen leichter kontrollieren. Andere Unternehmen folgen einem breiter angelegten Konzept und vergeben auch Bereiche, die viel näher an ihren eigenen Kernkompetenzen liegen. Die wichtigsten Formen von unterschiedlichen Outsourcing-Strategien werden im Folgenden differenziert.

3.3.1 Out-tasking

Einen externen Dienstleister in Anspruch zu nehmen, der Aktivitäten übernimmt, die nicht zum zentralen Geschäftsbereich eines Unternehmens zählen, ist heute weitläufig üblich. Aber nicht jede Firma ist dazu bereit, z.b. die gesamte IT-Infrastruktur nach außen zu verlagern und in einem solchen Fall stellt Out-tasking eine sinnvolle Möglichkeit dar, die benötigten Prozesse oder Funktionsbereiche zu optimieren.

Im Gegensatz zu Outsourcing werden beim Out-tasking keine Unternehmenswerte, Verträge und Personal nach außen übergeben. Nur einzelne Geschäftsprozesse und Funktionen werden ausgelagert, die extern durchgeführt werden sollen, aber weiterhin in der Verantwortung der übergebenden Unternehmen liegen. So können Effizienz und Effektivität in bestimmten Bereichen gesteigert werden, ohne die Kontrolle über das Vorgehen zu verlieren. Es werden z.B. nur einzelne Aufgaben aus Bereichen wie

9

Software-Entwicklung, Webdesign, Datenverarbeitung oder die Übersetzung von Texten ausgelagert.

Ein eigener Help Desk wird von vielen Unternehmen genutzt, um Anwender ihrer Produkte oder Applikationen einfach und zeitnah zu unterstützen. Dabei sind es aber oft nur Einzelpersonen, die innerhalb des eigenen Unternehmens über ausreichendes, zum Teil auch nur hinlängliches Fachwissen verfügen.

Wenn entsprechendes Fachpersonal im Unternehmen eingestellt wird, kann dieses Fachpersonal meist schwer im Unternehmen gehalten werden, weil die Aufstiegschancen in Firmen, die hautsächlich IT-Betreuung betreiben, in der Regel deutlich größer sind. Out-tasking bietet einem Unternehmen in solchen Fällen die Möglichkeit, Ressourcen eines externen Dienstleisters zu nutzen und zugleich die Kontrolle über die gesamte Infrastruktur und Entscheidungsprozesse zu behalten. Das auftraggebende Unternehmen muss dann auch das entsprechende Personal nicht selbst einstellen und schulen.

3.3.2 Comprehensive Outsourcing

Bei der Form des Comprehensive Outsourcing werden ganze Unternehmensbereiche wie z.B. die gesamte EDV eines Unternehmens über einen längeren Zeitraum an externe IT-Dienstleister abgegeben. Dabei wechseln sowohl das gesamte Inventar und Wissen als auch das Personal mit an das Drittunternehmen.

3.3.3 Selective Outsourcing

Im Vergleich zu einem vollständigen Outsourcing ganzer Geschäftsbereiche werden beim selektiven oder partiellen Outsourcing genau definierte Teile des jeweiligen Geschäftsbereichs nach außen verlagert. Auch hier steht weniger eine Kostenersparnis im Vordergrund, sondern eher der Ausgleich von mangelndem Fachwissen im eigenen Unternehmen. Aufgaben können so zielgerichtet an Experten aus den unterschiedlichsten Servicebereichen abgegeben werden.

Wenn z.B. eine Softwareapplikation im eigenen Unternehmen eingeführt wird, kann man das Know-How des Drittanbieters zu Hilfe nehmen, der die Systembetreuung übernimmt. So werden aber weiterhin je nach Organisation 20 bis 80 % der Aufgaben im IT-Bereich weiterhin selbst durchgeführt.[6]

Beim Selective Outsourcing besteht auch ein geringerer Risikofaktor als beim Complete Ousourcing, da das Abhängigkeitsverhältnis zum Dienstleister gering bleibt. Dabei ist jedoch andererseits ein höherer Kostenaufwand einzukalkulieren, da für den jeweils vergebenen Teilbereich Verhandlungen, Managementaufgaben und Bewertungen aufgesetzt werden müssen.

4 Offshoring

Unter dem klassischen Begriff des Outsourcing haben sich weitere Verlagerungsformen wie Offshore, Nearshore, Onshore oder Bestshore herausgebildet, die im Folgenden unterschieden werden. Auch die Verlagerung von Geschäftsprozessen und Funktionen ins Ausland lässt sich in verschiedene Arten der Vorgehensweise unterteilen.

Insbesondere die Entwicklung des Offshore-Prinzips soll in diesem Kapitel herausgearbeitet werden, um die starke Tendenz zu Auslagerungsprozessen von Unternehmen aus etablierten Märkten in Niedriglohnländer nachvollziehen zu können.

4.1 Definition Offhsoring

Der eigentlich für Bauwerke wie Bohrinseln oder Windenergieanlagen verwendete Begriff ‚offshore' (= von der Küste entfernt) wird im Bereich des Outsourcing benutzt, um den Faktor des Standortes bzw. der Entfernung des Anbieters, Vertragspartners oder Kunden mit einzubeziehen.

Beim Offshoring rekrutiert das auftraggebende Unternehmen eine Firma, die im Ausland tätig ist, um von dort Produkte oder Dienstleistungen zu erhalten, die dann wiederum im eigenen Land vertrieben oder genutzt werden. Indien erweist sich dabei mittlerweile als größter Anbieter und die USA als größter Nachfrager von Offshore-Leistungen. Meistens sind es multinationale Unternehmen, die mit Offshoring darauf zielen, ein Höchstmaß an Effektivität und Qualität zu erreichen, um die eigene

---

[6] Vgl. Lacity et al. , S. 370.

Wettbewerbsfähigkeit zu erhöhen. Hauptsächlich werden dabei Personalressourcen aus anderen Ländern wie Indien, China oder Russland rekrutiert.

Neben einer Vielzahl anderer Unternehmen sind es z.b. die Dell AG oder die Cisco Systems AG, die erfolgreich firmeninterne Aufgaben identifiziert haben, um sie effektiver und kostengünstiger von jemand anderem im Inland (Outsourcing) oder extern im Ausland (Offshoring) erledigen zu lassen.

Unter den Begriff Offshoring fallen im klassischen Sinne jedoch nicht Vorgehensweisen, bei denen z.b. ein Tochterunternehmen in Ausland aufgebaut oder ein Joint-Venture mit einem dort ansässigen Unternehmen eingegangen wird, da dabei die Aufgaben nicht an Drittunternehmen vergeben, sondern weiterhin firmenintern, nur eben im Ausland übernommen werden.

Für die Begriffsbestimmung von ‚Offshoring' sind die Aspekte WO und WIE entscheidend, also dass eine Vergabe von Aufgaben an ein Drittunternehmen im Sinne des Outsourcing erfolgt und der jeweilige Dienstleister zudem in einer Offshore-Region, also im Ausland, ansässig ist bzw. die Leistung zumindest „in nennenswertem Umfang"[7] dort erbringt.

In typischen Offshore-Projekten erbringt z.b. eine indische Softwarefirma die geforderte Leistung, indem sie zuerst Softwarespezialisten aus dem eigenen Unternehmen zum anfordernden Kunden schickt, damit dessen Bedarf und die (technischen) Details abgeklärt werden können. In Indien wird die gewünschte Software dann entwickelt und auch von Indien aus betreut und gewartet.

Eine Vielzahl an Branchen beschäftigt sich im Bereich von Offshore-Verträgen mit dem Erstellen von Produkten und Dienstleistungen.

Den größten Anteil haben Banken, Versicherungen und Finanzdienstleister, aber auch andere Branchen nutzen das Offshore-Prinzip, wie folgende Grafik zeigt:

---

[7] Vgl. Boes et al., S. 18.

12

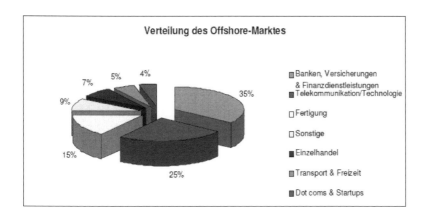

Abbildung 2: Verteilung des Offshore Marktes nach Segment – Deloitte

4.2 Andere Verlagerungsformen

In Hinsicht auf Auslagerungsprozesse, bei denen der Standortaspekt berücksichtigt wird, lassen sich drei grundlegenden Arten unterscheiden:

1. Onshore-Vergaben an einen Anbieter/Partner im eigenen Land

2. Nearshore-Vergaben an Anbieter/Partner in einem geografisch verhältnismäßig nah liegendenden Land

3. Offshore-Vergaben an einen Anbieter/Partner in einem weiter entfernten, zumeist Entwicklungs-/Niedriglohnland

Von Deutschland aus gesehen wäre so Deutschland der Onshore-Standort, das europäische Ausland der Nearshore-Standort und weiter entfernte Länder wie Asien oder Südamerika der Offshore-Standort.

Bei der Wahl des Vertragspartner-Landes spielen neben geografischen Gesichtspunkten aber auch die dort vorherrschenden Gehaltsstrukturen, die Einwohnerzahlen und die dort vorhandene Technologie und Infrastruktur eine entscheidende Rolle. Für Outsourcing-Varianten, die neben dem geografischen Standort auch diese Faktoren berücksichtigen, haben sich in letzter Zeit Begriffe wie ‚Bestshore' oder ‚Rightshore' herausgebildet.

4.2.1 Nearshore

In der Regel sind es zunächst Indien oder China, die in Betracht gezogen werden, wenn europäische oder US-amerikanische Unternehmen eine Auslagerung nach Outsourcing-Prinzip erwägen. Aber vor allem für den europäischen Raum werden die östlichen Nachbarländer als Vertragspartner-Standorte zunehmend interessant.[8] Indien bleibt zwar bis heute wichtigster Anbieter im Bereich Offshoring, aber die osteuropäischen Nachbarstaaten werden offenbar zunehmend eine sinnvolle Alternative und derzeit verstärkt von Kunden angefragt.

In Abgrenzung zum Offshoring erfolgt bei Nearshore-Prozessen eine Auslagerung in dem eigenen Unternehmensstandort angrenzende Länder, von Deutschland aus z.b. in die Tschechische Republik oder nach Polen. Standorte wie Prag, Warschau oder auch Budapest verfügen über eine gute Infrastruktur und preisgünstiges, aber sehr gut ausgebildetes Personal. Sicher kann man in China oder Indien mit noch günstigeren Personalressourcen rechnen (in Ungarn sind Personalkosten z.b. viermal so hoch), jedoch müssen dann oft ein wahrscheinlich geringerer Bildungsgrad der Arbeitskräfte und ein höheres politisches Risiko in Kauf genommen werden.[9] Nearshore-Prozesse zeichnen sich also zum Einen durch die geografische und auch kulturelle Nähe zum heimischen Markt aus, zum Anderen aber eben auch durch Kosten- und Qualitätsvorteile. In angrenzenden Ländern sind die kulturellen Gegebenheiten in der Regel ähnlich oder vergleichbar, oftmals muss die Geschäftssprache nicht einmal geändert werden. Gerade Europa bietet durch bestehende Handelsverträge zwischen den angrenzenden Ländern zudem Vorteile für Nearshore-Entscheidungen. Ebenso zu bedenken ist, dass sich die Vertragspartner bei Nearshore-Prozessen in derselben Zeitzone befinden und damit eine leichtere Erreichbarkeit gewährleistet ist. Abstimmungen, Klärungen usw. können während der Arbeitszeit geschehen.

Gerade auf dem IT-Sektor sind Nearshore-Prozesse vorteilhaft, da die Möglichkeit, rasch vor Ort zu sein größer ist als bei Offshore-Verträgen, wenn es notwendig wird, direkten und aktiven Kontakt herzustellen anstatt nur via Internet oder Ähnlichem in

---

[8] Vgl. Grund, S. 22.

[9] Vgl. Vestring et al., S. 28.

14

Kontakt treten zu können. Auftretende Probleme können viel zeitnäher und mit weniger Aufwand, vor allem auch mit geringeren Reisekosten behoben werden.

Die Vorteile von Nearshore-Prozessen haben auch potentielle Offshore-Vertragspartner erkannt. Die große indische Softwarefirma Tata Consulting hat beispielsweise in Budapest ein Entwicklungszentrum aufgebaut, um näher am europäischen Markt zu sein, oder HCL, einer der größten indischen Anbieter globaler Dienstleistungen, hat ein Call-Center in Nordirland eingerichtet, um Geschäftschancen in Europa oder den USA besser nutzen zu können.[10]

Hauptunterscheidungsmerkmal von Nearshore- und Offshore-Prozessen ist dementsprechend die geringere geografische Entfernung vom Kunden zum ausländischen Anbieter/Lieferanten. Beides sind Sonderformen des klassischen Outsourcings.

4.2.2 Onshore

Wenn es für ein Unternehmen aus den unterschiedlichsten Gründen nicht in Frage kommt, Prozesse oder Aufgaben ins Ausland zu verlagern, bietet das Onshore-Outsourcing eine Alternative, mit der das Unternehmen einen entsprechenden Anbieter für Produkte oder Dienstleistungen im Inland suchen kann, der diese übernimmt, wobei das Unternehmen trotzdem noch, wenn auch in meist geringerem Umfang, Kosten sparend und wettbewerbsorientiert planen kann.

Aus betriebswirtschaftlicher Sicht hat das den Vorteil, dass durch die Auslagerung Kosten gespart werden – wie auch bei Near- oder Offshore-Prozessen, aber die Kommunikationswege nicht beeinträchtigt werden und kulturelle Unterschiede kaum oder gar nicht vorhanden sind, die eventuell zu Missverständnissen führen könnten.

Auch eine Übertragung von Vermögenswerten vom Käufer zum Anbieter findet bei Onshore-Prozessen, anders als bei Offshoring, nicht unbedingt statt. Da oftmals die gleichen Dienste für mehrere Kunden übernommen werden, kann der Onshore-Anbieter seine Leistung preisgünstiger und standardisiert anbieten. Outsourcing-Anbieter sind in der Regel sehr spezialisiert und auch bei Onshore-Prozessen kann

---

[10] aus eigener Erfahrungen eingebrachtes Beispiel

dieses Fachwissen für das auftraggebende Unternehmen effektiv genutzt werden. Marktkenntnisse sind zudem beim Onshore-Anbieter schon gegeben und erleichtern so die Zusammenarbeit und die Qualitätssicherung. Transaktionskosten jeglicher Art sind bei Onshore-Outsourcing, besonders im Verhältnis zu Produktionskosten, wesentlich niedriger. Zwar erreicht man bei Offshore-Projekten oft geringere Produktionskosten, dafür fallen da aber höhere Kosten im Bereich der Transaktion an – angefangen beim Auswahlprozess des Vertragspartners und Übergangs- bis hin zu Transportkosten.

Onshore-Outsourcing bleibt z.b. für deutsche oder US-amerikanische Unternehmen interessant, weil die Infrastruktur bekannt und hoch entwickelt ist und auch bestimmte Risikofaktoren wie Datensicherheit oder sozio-ökonomische und politische Bedingungen nicht gegeben bzw. besser abschätzbar sind.

In Near- oder Offshore-Prozessen kann die Distanz zu einer Hürde werden, auf der die meisten Kosten und Risiken aufbauen.

4.2.3 Bestshore / Rightshore

Best-/Rightshore ist eine Art des Outsourcing, in der verschiedene Auslagerungsformen gemischt werden. Immer unter dem Leitgedanken, Kosten zu reduzieren und gleichzeitig effizienter und produktiver arbeiten zu können, werden dabei sowohl inländische als auch Offshore- und Nearshore-Standorte bei der Wahl der Vertragspartner genutzt. So können die jeweiligen Vorteile der bereits erwähnten Varianten des Outsourcing gleichzeitig und sehr gezielt ausgeschöpft werden.

Der ideale Ort der Leistungserbringung kann den einzelnen Aufgaben und Prozessen angepasst ganz spezifisch ausgewählt und die Vorteile des jeweiligen Standortes bestmöglich ausgenutzt werden. Natürlich hat die Machbarkeit der Leistungserbringung dabei Vorrang vor Kostenerwägungen oder ähnlichem. Infrastruktur, Kommunikationswege oder Zeitressourcen können an manchen Standorten besser genutzt werden und haben dann bei der Entscheidungsfindung oft auch Vorrang vor der Frage nach nötigem Fachwissen des Anbieters.[11]

---

[11] Vgl. Mazzawi, S. 5.

Zwar braucht ein Right-/Bestshore-Prozess sicherlich mehr Zeit und Planung, aber eine komplexe und weltweite Outsourcing-Stategie rentiert sich für ein Unternehmen auf lange Sicht, da es von den jeweiligen Vorteilen der unterschiedlichen Vorgehensweisen insgesamt profitieren können.

4.3 Die Entwicklung von Offshoring

Anfang der 80er Jahren sahen viele multinationale Unternehmen sich durch die Überbewertung des US-Dollar gezwungen, ihre Offshore-Tätigkeiten zu erhöhen, um auf dem Markt konkurrenzfähig zu bleiben. Aus Kostendruck wurden vor allem im Bereich der Produktion Firmen in Niedriglohnländern als Offshore-Vertragspartner gewählt. So konnte der heimische Markt, v.a. von US-amerikanischen Unternehmen, preisgünstiger beliefert, aber ebenso der Export der Güter in andere ausländische Märte kostenreduziert umgesetzt werden. Während der Fertigungssektor in den US 1950 noch 34% der Arbeiter einen Arbeitsplatz gewährleisten konnte, waren es 1980 nur noch 12%. Darüber hinaus nahm die Konkurrenzfähigkeit der Unternehmen in entwickelten Industrienationen durch die hohen Gehälter in den 80er Jahren zunehmend ab und Offshore-Prozesse gewannen mehr und mehr an Interesse, da z.B. in Japan Personal und Automatisierung günstiger zu beschaffen waren.[12]

Noch radikaler zeigte sich die Tendenz zwischen den Jahren 2000 und 2003: Durch Offshore-Entscheidungen und den daran geknüpften globalen Wettbewerb gingen mehr als 2 Millionen Arbeitsplätze verloren. Seitdem wird Offshoring unter dem Gesichtspunkt von Arbeitsplatzverlusten auch in Deutschland zunehmend kritisch diskutiert. Durch die Entwicklung neuer Technologien ist davon heute auch nicht mehr nur der Fertigungssektor betroffen. Auch Dienstleistungstätigkeiten, die früher als hauptsächlich ortsgebunden galten, können heute über weite Entfernungen hinweg übernommen werden. Die fortschreitende Verbesserung sprachlicher und technischer Fähigkeiten auf dem ausländischen Arbeitsmarkt bietet Möglichkeiten, Outsourcing-Projekte zunehmend in große geografische Distanz zu verlagern.

---

[12] Vgl. Kamarker, S. 101.

So konnten ganze Bereiche wie z.B. die Softwareindustrie in Indien, Israel oder Irland von der Tendenz zur Globalisierung profitieren. Relativ neu ist dementsprechend auch der aus den Offshore-Tätigkeiten resultierende Industriezweig im jeweiligen Offshore-Partnerland und eine Vielzahl von Software-Anbieterfirmen in den genannten Ländern sind erst in den späten 70er und frühen 80er Jahren gegründet worden.

Weil im Anbieter-Land die Nachfrage nach Softwareprodukten und dazugehörigen Dienstleitungen ebenso wie die Beschäftigungschancen gering waren, gingen viele der gut ausgebildeten Fachkräfte ins Ausland, vor allem in die USA. Außerdem wurde den Anbieter-Unternehmen von ausländischen Kunden damals nach wenig Vertrauen in deren Leistungsfähigkeit entgegen gebracht[13], bis diese Unternehmen sich zunehmend besser auf Kundenbedürfnisse einstellten.

Einen deutlichen Aufschwung erlebte z.b. die indische Softwareindustrie dann Anfang der 90er Jahre, als IT-Dienstleistungen und qualifiziertes Personal plötzlich stark angefragt wurden, zumal immer mehr englischsprachige Fachkräfte ihr Studium in Indien abschlossen. 1999 wurde Indiens monopolistisches Telekommunikationssystem reformiert und wandelte sich zu einem marktgerechten Modell[14] und so hatten auch private Anbieter die Chance, sich auf dem Markt zu etablieren. Die Qualität konnte sich verbessern und die Kosten sanken. Das neue Potential Indiens und anderer Entwicklungsländer wurden von den Industrienationen erkannt und ausgeschöpft: Günstiges, englischsprachiges Personal konnte für IT-Projekte im Offshore-Prinzip genutzt werden, ohne dass Fachkräfte auswandern und im anfragenden Unternehmen beschäftigt werden mussten.

Dass Offshoring heute ein international anerkanntes und erfolgreiches Vorgehen ist, hat viele Gründe. Im Laufe der Zeit haben sich eine Vielzahl von Kunden mit der Möglichkeit des Offshoring auseinander gesetzt, Erfahrungen mit der Leistungsauslagerung konnten gemacht und Kosteneinsparungen umgesetzt werden. Auch die Infrastruktur und die Technologien der Offshore-Länder haben sich stark verbessert, sodass Offshoring-Verträge sich leichter realisieren lassen. Nicht nur wie

---

[13] Vgl. Ethiraj, S. 30.

[14] Vgl. Dossani, Kenney, S. 17

bisher der Fertigungsbereich, sondern auch (digitalisierbare) Dienstleistungen können durch die stetige Fortentwicklung von günstigen und sicheren globalen Kommunikationsnetzwerken ausgelagert werden. Nachgefragt und angeboten werden nun auch Tätigkeiten wie die Dokumentenarchivierung, die sich durch moderne, leistungsstarke und preisgünstige Scannertechnologie in Offshore-Prozessen umsetzen lässt. Neben der Softwareentwicklung werden auch Bereiche wie Produktionsplanung und pharmazeutische Forschung für Offshore-Entscheidungen interessant.

Die genannten Entwicklungen führen dazu, dass im IT-Service-Bereich heute die Nachfrage nach Offshore-Services vor allem aus Indien rapide ansteigt und Indien sich zu einer der größten Volkswirtschaften weltweit entwickeln konnte.

5 Gründe für Outsourcing und Offshoring Entscheidungen

Die auf dem Markt agierenden Outsourcing-Anbieter profitieren vom steigenden Kostendruck, dem viele Unternehmen heute zunehmend ausgesetzt sind. Die steigende Preissensibilität der Kunden verlangt nach immer günstigeren Lösungen und veranlasst die Unternehmen dazu, in Niedriglohnländer auszuweichen.

Outsourcing und Offshoring sind dabei von besonderem Reiz, weil die Unternehmen anstatt selbst ins Ausland zu verlagern (und damit fixe Kosten zu erzeugen), diese Leistung von Dritten beziehen und somit nur variable Kosten anfallen.

Aber auch andere Faktoren, wie bessere Leistungsqualität, sofortiger Zugang zu qualifizierten Ressourcen oder Zeitersparnis in der Umsetzung veranlassen heute Unternehmen, über Outsourcing nachzudenken. Somit lassen sich durch die Nutzung von Outsourcing-Anbietern neue Segmente und Märkte schneller erschließen, lässt sich die Qualität des eigenen Produktes verbessern und die Markteinführung beschleunigen.

Laut einer Deloitte-Umfrage aus dem Jahr 2008 beschäftigen sich bereits 71% der befragten deutschen Unternehmen mit Outsourcing- und Offshoring- Strategien. Weitere 6% befassen sich ernsthaft mit dem Thema. Dies bestärkt die Aussage, das Outsourcing und Offshoring zur Erhaltung der eigenen Wettbewerbsposition als notwendig und wichtig angesehen werden.

Natürlich hat jedes Unternehmen in seinem Markt eigene Randbedingungen, Ziele und Vorgaben und daher ergeben sich individuelle Motive, warum Outsourcing / Offshoring gewählt wird. Die Folgenden sollen in diesem Kapitel näher erarbeitet werden:

- Kostensenkung
- Fokus auf Kernkompetenzen des eigenen Unternehmens
- Besondere Leistungen
- Qualitätsanforderungen
- Flexibilität
- Neue Technologien
- Steigerung der Wettbewerbsfähigkeit

Eine von BITKOM und der Deutschen Bank in Auftrag gegebene Umfrage zeigt allerdings, dass von den oben Genannten Kostensenkung an der Spitze der Motive steht, die anderen Genannten folgen aber danach dichtgedrängt en bloc.

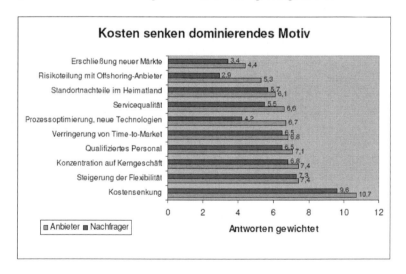

Abbildung 3: Motive für Outsourcing - BITKOM & Deutsche Bank

5.1 Kosteneinsparung

Den größten Vorteil des Outsourcings stellen die in Summe niedrigeren Kosten der Leistungserbringung durch Verlagerung in On-, Off- oder Nearshore-Regionen dar. Durch eine Verringerung der Fertigungstiefe erzielen die Unternehmen somit Vorteile.

Den wichtigsten Hebel stellen die Lohnkosten dar, die häufig um ein Vielfaches niedriger sind als in den etablierten Industrienationen, wo heute der größte Anteil von 42% der Ausgaben im IT-Bereich für die Bezahlung von Löhnen anfallen (vgl. Pullen 2004). Die großen Unterschiede in den Lohnkosten zwischen den etablierten Märkten und den Offshore-Regionen – und zudem immer geringere Handelsbarrieren zwischen den Nationen – machen Offshore attraktiv. Im Jahre 2007 verdienten 75% der Mitarbeiter in einem Call-Center in Indien bis zu 8.000 US-Dollar pro Jahr, ein gleichwertiger Mitarbeiter in den USA kostet dagegen bis zu 30.000 US-Dollar pro Jahr. Im Bereich Software- Entwicklung sind die Unterschiede noch erheblicher, so verdient ein heutzutage stark gefragter Junior-JAVA-Entwickler in Indien rund 10.000 bis 20.000 US- Dollar im Jahr, ein vergleichbarer Mitarbeiter in den USA verdient zwischen 60.000 und 100.000 US-Dollar (Vgl. Morstead 2007).

Mit den Steuervorteilen, verhält es sich ähnlich. Denn gerade in den Niedriglohnländern werden die aufstrebenden Industrien vom Staat mit Steuervergünstigungen gefördert. Dieses Paket kann von keiner etablierten Industrienation überboten werden. Zudem ist der Standort Indien dreifach attraktiv, da neben den niedrigeren Kosten aus Lohn- und Steuervorteil auch eine hohe Leistungsbereitschaft vorhanden ist.

Durch eine gezielte Spezialisierung auf wenige Aufgaben werden von den Outsourcing-Anbietern weitere Skaleneffekte geborgen. Durch die Schaffung eines zentralen Rechenzentrums, das anschließend von unterschiedlichen

Kunden benutzt wird, können die Kosten für den einzelnen Kunden verringert werden. Dieser wiederum spart durch die hohen Einmalkosten in seinem Unternehmen und hat auch ansonsten mit Wartungskosten nichts mehr zu tun. So werden fixe Kosten minimiert und die Leistung wird nur noch nach Abruf und Notwendigkeit – also variabel – an den Anbieter bezahlt.

21

Somit wird klar, warum gerade die Länder mit den niedrigsten Löhnen und gleichzeitig guter Bildung die attraktivsten Standorte für ein Outsourcing sind. Neben Indien gibt es aber noch weitere attraktive Länder, die sich besonders im Bezug auf Qualifikation und Lohnkosten anbieten. Dazu zählen die Ukraine, Russland, die tschechische Republik und China.

Zwar bleibt Indien im reinen Lohnkostenvergleich die günstigste Alternative und ist auch heute noch erste Wahl für das Outsourcing von IT-Dienstleistungen, aber die anderen Standorte haben durchaus ihre Vorteile und stellen eine echte Alternative dar. So glänzt besonders die Ukraine durch exzellente Programmierer, die kulturell sicher eher europäisch denken und agieren.

5.2 Fokus auf Kernkompetenzen

Neben dem Kostendruck gibt es auch Unternehmensstrategische Gründe, die für eine Entscheidung pro Offshoring und Outsourcing in bestimmten Unternehmensbereichen sprechen. Zu denen zählt die klare Fokussierung auf Kernkompetenzen, ein Phänomen, das erst in den 90er Jahren auftrat, weil die großen Unternehmen vorher mit breiten Produktportfolien glänzten, die dann auch noch zu 100% im eigenen Unternehmen hergestellt wurden.

Heute fokussieren sich die Unternehmen klar auf die Prozesse und Tätigkeiten, die den eigenen Wettbewerbsvorteil definieren. Alle anderen Tätigkeiten, die keine fundamentale Bedeutung für die Wertschöpfung haben, werden zunehmend ausgelagert.

Heute zeichnen sich Unternehmen und Marken mit dem aus, was sie besonders gut können und müssen diesen Unterschied auch zukünftig betonen. Daher ist es notwendig diesen Nutzen entweder in Zukunft unverändert, aber günstiger oder aber zu gleichen Kosten immer besser an den Kunden weiterzugeben. Diese Kernkompetenzen sind daher schwer auszulagern, da eine Veränderung in der Qualität verheerende Folgen haben könnte.

Andere Prozesse im Unternehmen sind für die Schaffung von Wettbewerbsvorteilen eher unwichtig und können daher an Outsourcing-Anbieter verlagert werden. Dadurch erhoffen sich die Unternehmen strukturellen Freiraum, der eine Fokussierung auf Kernkompetenzen ermöglicht.

Eine Analyse der gesamten Wertschöpfungskette einer Unternehmung steht am Beginn. Hierbei werden zunächst die zu beschützenden Kompetenzen identifiziert, um dann die auslagerungsfähigen Prozesse und Bereiche zu definieren. Besonders im IT-Bereich von Unternehmen gibt es häufig Potentiale. Die eigentliche IT-Infrastruktur ist zwar extrem wichtig, stellt die Struktur selbst aber einen Wettbewerbsvorteil dar? Häufig können große Teile der IT-Struktur problemlos an Outsourcing-Spezialisten vergeben werden, dazu zählen z.b. die Bereitstellung und Wartung der Infrastruktur wie die zentralen Rechenzentren oder Arbeitsplatzsysteme, aber auch angelagerte Prozesse wie die elektronische Lohnabrechnung und die Bereitstellung von Call-Centern etc. Dies ist aber von Unternehmen zu Unternehmen unterschiedlich zu bewerten und daher gibt es auch keine klare Vorgehensweise, die zu empfehlen wäre.

Fakt ist aber, das heutzutage die besten Mitarbeiter und finanziellen Ressourcen in den entscheidenden Kernprozessen einer Unternehmung investiert und andere Tätigkeiten ausgelagert werden müssen, um personelle und finanzielle Ressourcen frei zu machen, um im internationalen Wettbewerb zu bestehen und Marktpositionen ausbauen zu können.

Dies gilt für beide, den Auftraggeber und den Dienstleister im Outsourcing-Projekt.

5.3 Fachwissen

Outsourcing und Offshoring werden manchmal besonders im Hinblick auf ein speziell benötigtes Fachwissen interessant. Einige Unternehmen benötigen für Projekte oder in bestimmten Unternehmensbereichen ein sehr spezifisches Wissen, und nutzen dazu Partner, die genau über das notwendige Wissen verfügen.

Je spezifischer das Fachwissen ist, das benötigt wird, umso kritischer ist aber auch die Frage, ob diese Tätigkeit in ein Niedriglohnland verlagert werden kann, denn die Definition dieser Leistung benötigt eine Unmenge Zeit, um später Missverständnisse auszuschließen, und häufig fehlt in dem Land das bei Vertragsabschluss zwar versprochene Wissen auch komplett und muss dort erst mühsam aufgebaut werden. Dies alles kann zu extremen Verzögerungen und Qualitätsproblemen führen, die daher im besten Fall von vornherein auszuschließen sind, indem die Verlagerungsfähigkeit des Prozesses im Vorfeld eingehend geprüft wird.

Daher sind nicht alle Prozesse und Tätigkeiten auslagerbar. Einige Informationsprozesse, wie zum Beispiel der Umgang mit Daten, Call-Center und Kundenbeziehungsmanagement sind mittlerweile problemlos outsourcebar und auch offshore-fähig. Die Anbieter haben es in den letzten Jahren zudem geschafft, das Wissen in einem Sektor (Call-Center für Handel) auch auf andere Branchen auszubauen, die beratungsintensiver sind (Call-Center für Fluglinien). Dies wurde notwendig, um branchenübergreifend als Outsourcing-Partner agieren zu können und die damit einhergehenden Skaleneffekte durch mehrfach Nutzung der Infratsruktur zu bergen.

5.4 Erhöhte Flexibilität

In den letzten Jahrzehnten fokussierten sich Unernehmen besonders darauf, durch zunehmende Nutzung von IT-Systemen die eigenen Prozesse, Plattformen und damit die Effektivität der Mitarbeiter zu erhöhen. Die heutige Zeit fordert aber zunehmend Flexibilität von den Unternehmen, um schnell auf Veränderungen des Marktes oder Neuerungen der Konkurrenz reagieren zu können. Oftmals verhindern die eigenen komplexen Systeme eine schnelle Reaktion und binden noch dazu hohe fixe Kosten.

Mit einer aggressiven Auslagerungspolitik und einem Fokus auf die Kernkompetenzen wird das Unternehmen flexibler und anpassungsfähiger, ohne aber die Effektivität zu verlieren.

Die Verfügbarkeit von Personal, verbunden mit niedrigeren Kosten wirkt somit leistungsfördernd. Muss für ein neues Produkt eine Hotline etabliert werden, um Kundenanfragen zu beantworten, so kann dies durch einen Outsourcing-Anbieter innerhalb kürzester Zeit getan werden. Werden für die häufig ressourcenvernichtenden Initialphasen für befristete Zeiträume Personen gesucht, die Mitarbeiter schulen, Projekte leiten oder die Implementierung in fernen Ländern unterstützen, so können diese einfach und zeitnah von Drittanbietern „besorgt" werden und nach Erledigung der Aufgabe auch direkt ohne Kostenaufwand wieder freigestellt werden.

Auch die Markterschließung durch Offshore-Partner ist heutzutage möglich. Dabei werden lokal ansässige Firmen beauftragt lokal Marketing und Vertriebsaktionen zu planen, um einen Initialumsatz zu generieren und die Marktattraktivität zu testen. Sollte das Produkt / Projekt nicht erfolgreich sein, kann das Unternehmen sich ohne Abwicklungskosten vom Markt entfernen oder sich im Falle eines Erfolges strategisch und schrittweise selbst im Markt etablieren.

Die Auslagerung von Aufgaben – temporär oder dauerhaft – kann somit positiven Einfluss auf die Marktattraktivität und Flexibilität eines Unternehmens nehmen.

5.5 Technologie

Die zunehmende Vernetzung und globale Nutzung von Email, Internet, Videokonferenzen und Mobiltelefonen haben die Arbeitswelt verändert. Die Technologie führte zu einer Veränderung der Denk- und Arbeitsweise von Unternehmen und machte Outsourcing und erst Recht Offshoring möglich.

Die Vernetzung ermöglicht es heute problemlos Dienstleistungen aus Deutschland in weit entfernte Länder zu exportieren und die elektronischen Kommunikationsmedien ermöglichen es sogar global Arbeitsprozesse zu etablieren. Diese Arbeitsprozesse können damit weltweit vereinheitlicht und eine globale Zusammenarbeit geschaffen werden.

Besonders das Internet hat eine globale Plattform geschaffen, das die Möglichkeit der Steuerung von Projekten über Länder- und Zeitgrenzen hinweg erschließt und zudem noch global gültige Projektmanagement-Regeln ermöglicht.

Ressourcen, Mitarbeiter und Kunden können heute aus der Ferne gesteuert und versorgt werden. Die Nutzung von Customer Relationsship Management Systemen lässt alle über einen Kunden vorhandenen Informationen jederzeit und überall zur Verfügung stehen. Unternehmen können weltweit Konditionen für den Einkauf von Waren und Gütern einholen und auch weltweit ihre Waren anbieten. Kompetenzen können global gesucht und auch global eingesetzt werden.

Drei große Vorteile lassen sich daraus ableiten:

- Informationen können zu jeder Zeit an jeden Ort der Welt versandt werden

- Informationen über Produkte und Leistungen können global in Echtzeit eingeholt werden

- Es besteht die Möglichkeit Angebote global zu vergleichen

Besonders die hochgradig spezialisierten Outsourcing-Anbieter verfügen über intelligente, moderne, vernetzte IT-Systeme und können somit helfen die eigene Effizienz im Unternehmen zu erhöhen.

Unternehmen, die weiterhin auf ihre starren Plattformen und Strukturen setzen und keine externen Anbieter und damit die neuesten verfügbaren Technologien einsetzen, werden es im globalen Wettbewerb zunehmend schwer haben und langfristig verdrängt werden.

5.6 Globalisierung

Produzierende Unternehmen verlagern schon seit Jahrzehnten Teile der Wertschöpfungskette ins Ausland, um Kosten einzusparen und damit die Wettbewerbsposition auszubauen oder zu halten. Dienstleistungen werden aber erst seit einiger Zeit ausgelagert, was durch die im vorherigen Kapitel beschriebene Technologie und die damit verbundene Reduktion der Telekommunikationskosten möglich wurde.

Heute haben die Unternehmen die Möglichkeit, Ressourcen, Kapital, Informationen und Technologien aus aller Welt zu benutzen und zu beschaffen.

Produkte und Leistungen sind global verfügbar, vergleichbar und verkauf– bzw. einkaufbar.

Traditionelle Industrienationen wie Großbritannien und Deutschland verspürten erste Anzeichen bereits in den 60er Jahren des letzten Jahrhunderts, als die lokale Schwer- und Montanindustrie durch günstigere Lieferanten aus Osteuropa, Asien und Südamerika abgelöst wurde oder heute die nahezu gesamte Elektronik-Fertigung mit dazugehörigen Zulieferern in Asien anzutreffen ist.

Im Laufe der Zeit entstanden so in unterschiedlichen Ländern unterschiedliche Kompetenzen. Und Regionen und Länder wurden bekannt für die Produkte, die dort hergestellt werden. Dies geschah in der produktiven Industrie schon die letzten Jahre und setzt sich heute fort mit der Globalisierung von Dienstleistungen.

Die folgende Grafik zeigt die Kompetenzen ausgewählter Länder im Hinblick auf ihre IT-Kompetenzen und Spezialisierung im Bereich IT-Outsourcing:

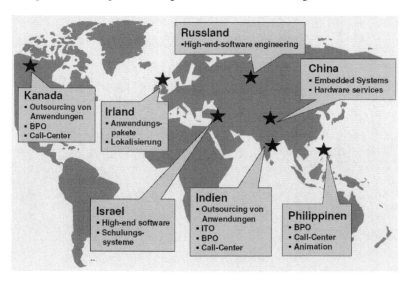

Abbildung 4: Länderspezialisierung nach Nische – Marriott

ITO = IT – Outsourcing

BPO = Business Process Outsourcing

Nach Steven Porter spezialisieren sich Unternehmen in einer Region häufig auf die Herstellung vergleichbarer, spezieller Güter. So suchen sich Technologie orientierte Unternehmen häufig einen Standort, an dem sie die Anforderungen an ein IT Unternehmen am einfachsten erfüllen können. Heißt, den Ort an dem qualifizierte Mitarbeiter, Innovation (z.B. lokale Universität) und ein gutes Bildungsniveau vorhanden sind.

So lässt sich zum Beispiel das Silicon Valley in Kalifornien, der IT-Boom in Bangalore in Indien oder aber die Konzentration der Ölkonzerne auf Texas erklären. Mit der zunehmenden Globalisierung durch Vernetzung und die sich dadurch öffnenden Märkte stehen diese spezialisierten Unternehmen und Regionen als Offshore-Anbieter weltweiten potentiellen Abnehmern zur Verfügung.

In einer Region stehen dann natürlich konkurrierende – weil global vergleichbare - Leistungen zur Verfügung. Dies führt zu einem erhöhten Wettbewerb unter den Spezialisten, was folglich positiv für den Abnehmer ist, weil der erhöhte Wettbewerb zu immer mehr Innovation, verbesserter Qualität und sinkenden Kosten führt.

Ein weiterer Aspekt sollte nicht vernachlässigt werden. Investieren Unternehmen aus etablierten Märkten durch Outsourcing / Offshoring in einem Niedriglohnland, wird sich dort langsam die Einkommensstruktur entwickeln. Mittelschichten bilden sich heraus, neue potentielle Abnehmer der eigenen Produkte und somit neue Märkte entstehen. Einhergehend mit der Kehrseite, nämlich der Verringerung von Arbeitsplätzen im Ursprungsland, besonders im Bereich der Niedrigqualifizierten.

So ist die Globalisierung Fluch und Segen zugleich. Produkte und Leistungen können weltweit angeboten, aber auch verglichen werden. Abnehmer sind weltweit adressierbar und es wird global eingekauft und verkauft. Die Globalisierung sorgt für neue Jobs in Niedriglohnländern und führt zu Entlassungen in den alten Märkten. Die Kosten generell sinken und die Profite der geschickten, flexibel global agierenden Marktakteure steigen.

6 Identifikation der verlagerungsfähigen Leistungen

Die vorherigen Kapitel beschäftigten sich mit der Definition des Outsourcings und einer Darstellung der verschiedenen Modelle. Außerdem wurde dargestellt, warum das Outsourcing für Unternehmen immer wichtiger wird und in den letzten Jahren zu einem festen Bestandteil der Strategie global agierender Unternehmen wurde.

Die nächsten zwei Kapitel beschäftigen sich mit der Fragestellung, wie man Leistungen auf ihre Verlagerungsfähigkeit hin überprüfen kann und wie man evaluiert, welches Modell (Onshore, Nearshore oder Offshore) das passende ist.

6.1 Faktoren mit Einfluss auf die Entscheidungen

In der Literatur und in den Berichten von Unternehmen variieren die durch Outsourcing erreichbaren Einsparungspotentiale erheblich. Dies liegt in der Tatsache begründet, dass es kein allgemein gültiges Rezept gibt, sondern Einflussfaktoren, die abzuwägen sind, um eine richtige Entscheidung zu treffen.

So lassen sich zwar alle Leistungen offshore erbringen, aber eine Kostenersparnis tritt gegebenenfalls nicht ein, weil der für die Leistungserbringung notwendige Prozess zu kompliziert ist, um ihn offshore günstiger darzustellen.

Es lässt sich feststellen: Je standardisierter und einfacher der Prozess ist, um so einfacher lassen sich die damit verbundenen Leistungen in weit entfernte / günstige Regionen (Offshore) verlagern und damit hohe Kostenvorteile bergen. Kernprozesse, also unternehmenswichtige und meist komplexe Prozesse dagegen, lassen sich nur schwer verlagern oder sind bestenfalls für Nearshore-oder Onshore-Prozesse geeignet.

Die Chance, einen finanziellen Erfolg mit Outsourcing zu erzielen, steigt also mit einem höheren Standardisierungsgrad, höherer Remotefähigkeit, geringerer Interaktionshäufigkeit, einem großen Projektvolumen und geringerer Komplexität des zu verlagernden Prozesses.

Im Folgenden sollen diese Punkte näher erläutert werden.

6.1.1 Standardisierbarkeit

Die Standardisierbarkeit der zu verlagernden Arbeitsabläufe ist ein sehr wichtiges Kriterium bei der Fragestellung, ob Outsourscing möglich ist und welche Outsourcing Variante die richtige ist. Besonders die Prozesse, die einfach, klar beschrieben und arbeitsintensiv sind (z.B. die Erfassung von Belegen in der Buchhaltung), lassen sich extrem einfach, schnell und weit verlagern.

Sollte sich ein Unternehmen entschieden haben eine Tätigkeit auszulagern, so gilt es daher als erstes zu analysieren, ob die Prozesse im Unternehmen einheitlich beschrieben und durchgeführt werden, ob die Leistungserbringung in Arbeitspakete zu teilen ist und ob das für die Durchführung benötigte Wissen und die notwendigen Informationen übertragen werden können. Das Unternehmen, das bereits heute einen hohen Standardisierungsgrad besitzt, wird bei der Verlagerung somit von Beginn an niedrigere Kosten und Zeitersparnis realisieren können.

Unternehmen, die erst im Zuge der Verlagerung damit beginnen, müssen deshalb mit einer langen und kostenintensiven Anlaufphase rechnen, in der die Prozesse beschrieben, Arbeitspakete geschnürt, Wissen transferiert und Kommunikations- und Kontrollmechanismen etabliert werden. Ersparnisse können somit erst nach einiger Zeit realisiert werden.

Global hat die Einführung weltweit gültiger Normen und Zertifizierung dramatisch geholfen, Aufgabe und Prozesse verlagerungsfähig zu machen. Es gibt heute weltweit akzeptierte Prozess- und Projektmanagement-Normen, denen Unternehmen weltweit folgen. ITIL (IT Infrastructure Library), ist eine weltweit anerkannte Methodik, die nahezu alle benötigten IT-Prozesse definiert und standardisiert. ITIL-zertifizierte Unternehmen sollten somit global miteinander agieren können, solange eine Sprache gesprochen wird.

Weitere Standards sind ISO 9001, um Qualität weltweit zu garantieren und messbar zu machen.

Die Standardisierung ist aber nicht nur vor der Verlagerung extrem wichtig, sondern auch bei einer möglichen Zurück-Verlagerung der Tätigkeit ins Mutterland. Daher muss ihr eine entsprechend hohe Wichtigkeit im Entscheidungsprozess eingeräumt werden.

6.1.2 Komplexität

Die Komplexität einer Leistung setzt sich aus drei Faktoren zusammen:

- Die Anzahl der zur Leistungserbringung notwendigen Arbeitspakete
- Das Ausmaß an Kommunikation und Interaktion, das zur Leistungserstellung benötigt wird.
- Der Grad der Neuheit der zu erbringenden Leistung (Innovation oder etabliertes Produkt)

Die Komplexität variiert daher stark in Abhängigkeit von dem einzelnen Produkt oder der einzelnen Dienstleistung. Je komplexer die Aufgabe und die Technologie dahinter, desto komplizierter ist eine Verlagerung. Bei komplizierten Leistungen können in der Beschreibung der Prozesse extrem viele Missverständnisse mit dem Outsourcing-

Partner auftreten. Außerdem bedeuten komplexere Prozesse auch intensivere und längere Lernphasen und häufig auch ein Expertenteam, das aus dem Konzern heraus für eine Zeit x den Outsourcing-Partner in der Initialphase unterstützen muss. Dies alles kostet Zeit und Geld und somit werden die Einsparungspotentiale erst später geborgen werden können.

Komplexe Prozesse lassen sich aber unter Umständen in Teilprozesse unterteilen, die dann ausgelagert werden können. Das heißt, Outsourcing wird nicht für die komplette Leistungserbringung angewandt, sondern nur für verlagerungsfähige Teile der Wertschöpfungskette.

Je niedriger die Komplexität ist, so einfacher ist eine Verlagerung möglich.

6.1.3 Projektvolumen

Die Standadisierbarkeit und die Komplexität einer Leistung sind entscheidende Faktoren für die Machbarkeit von Outsourcing und insbesondere bei der Nutzung von Offshoring, der Verlagerung in weit entfernte Länder. Dabei gilt es, die durch Verlagerung entstehenden Initial-Kosten kleiner zu halten als die später durch die Verlagerung verbundene Kostenreduktion, um einen Gewinn für die Unternehmung zu erzielen.

Dies hängt natürlich stark mit dem Projektvolumen zusammen, zu dem zum Beispiel auch die Anzahl der benötigten Mitarbeiter, die Vertragslaufzeit etc. zählen.

Eine allgemein gültige Regel dafür gibt es nicht. Aber, Projekte mit zu geringem Projektvolumen sind zum Scheitern verurteilt, weil die Initialkosten nicht wieder eingespielt werden können. Dies gilt im Umkehrschluss auch für den Outsourcing-Anbieter. Muss dieser für die Leistungserbringung zuviel Kosten aufbringen, die dann – weil das Produkt sehr speziell ist - nicht durch weitere Kunden mitbenutzt werden kann, ist dies uninteressant und macht ein Outsourcing nicht möglich.

Je größer das Projektvolumen, desto größer die Wahrscheinlichkeit eines finanziellen Erfolges durch die Nutzung von Skaleneffekten.

6.1.4 Interkationshäufigkeit

Neben den drei erstgenannten Einflussfaktoren gibt es weitere Punkte, die vor einer Verlagerung abzuklären sind. Dazu zählt zum Beispiel die notwendige Interaktionshäufigkeit mit a) dem Kunden und b) der eigenen Organisation, die notwendig ist, um die Leistung zu erstellen.

In vielen Unternehmen zählen die Prozesse / Tätigkeiten mit hoher Interaktionshäufigkeit auch zu den erfolgskritischen Aufgaben. Die Kommunikation zum Kunden ist extrem wichtig und muss einwandfrei und in höchster Qualität funktionieren. Outsourcing und Offshoring könnten hier mehr Schaden als Nutzen bringen.

Je höher die benötigte Interaktion intern und extern, desto höher sind die Kosten und Risiken bei / durch eine Verlagerung ins Ausland.

6.1.5 Remotefähigkeit

Als letzter zu überprüfender Punkt sollte die Remotefähigkeit erwähnt werden, das heißt die Möglichkeit einer dezentralen Leistungserbringung durch Onshore- oder Offshore-Anbieter.

Hier geht es um die Frage, ob die Zusammenarbeit mit Partnern über kurze oder auch lange Distanzen möglich ist und welche Technologien dafür existieren bzw. welche Infrastruktur Vorraussetzung für eine Verlagerung ist.

Mit der Entwicklung des Internets ist es heute kein Problem mehr, Daten weltweit in Echtzeit zur Verfügung zu stellen, oder 24 Stunden Zugriff auf weit entfernte Systeme zu gewährleisten. Viele Dienstleistungen und Tätigkeiten können somit ohne Probleme remote erbracht werden. Ein weiterer Vorteil des Internets liegt in den drastisch gesunken Kosten für Kommunikation. Heute kann man kostenlos weltweit miteinander Daten austauschen, telefonieren und e-mailen. Ein Nachteil ist die fehlende persönliche Zusammenarbeit und Transparenz. Über die Entfernung lässt sich der tatsächlich benötigte Aufwand nur schwer überprüfen, persönlicher Einsatz an der Sache ist nicht mehr sichtbar und eine Arbeitsleistung wird anonymisiert. Außerdem lässt sich die Qualität im Prozess nur sehr schwer überprüfen.

Ein extrem wichtiger Punkt ist dabei die Datensicherheit. Hier gilt es zu bewerten, ob die Daten während des Transportes sicher vor Übergriffen sind. Und insbesondere, ob die Datensicherheit vor Ort gegeben ist. Vor allem in Asien gab es vermehrt Fälle, bei denen Daten bewusst entwendet und missbraucht wurden. Hier gilt es zu prüfen, ob sensible Daten offshore gegeben werden, und wenn ja, wie diese zu sichern sind.

Die Remotefähigkeit wird somit ein weiteres K.O.-Kriterium für oder gegen eine Verlagerung.

6.2 Wie können diese Faktoren in der Praxis eingesetzt werden – Der Verlagerungs-Check

Aus den in Kapitel 6.1. genannten fünf Faktoren:

- Standardisierbarkeit

- Komplexität

- Projektvolumen

- Interaktionshäufigkeit

- Remotefähigkeit

und den gewonnenen Kenntnissen dieser Seminararbeit lässt sich ein einfaches Modell entwickeln, der sogenannte "Verlagerungs-Check".

Ziel des Verlagerungs-Checks ist es, Tätigkeiten in Bezug auf ihre Onshore- und vor allem Offshore-Eignung zu bewerten.

Mit dieser einfachen Methodik kann ein Unternehmen vor einer geplanten Verlagerung die jeweilige Tätigkeit untersuchen und danach entscheiden, ob eine Verlagerung sinnvoll ist oder woran die Verlagerung scheitern könnte.

Anhand eines Fragenkatalogs, der die hier erarbeiteten fünf kritischen Faktoren abfragt, müssen die Tätigkeiten einzeln untersucht werden. Die einzelnen Fragen können dabei unterschiedlich stark gewichtet werden, da es für jede Branche und Tätigkeit Unterschiede in den Faktoren geben wird. Die Auswertung erfolgt dann in einer Spinnennetzgrafik, die transparent macht, ob die Tätigkeit onshore oder offshore verlagerbar ist.

Somit kann eine Entscheidung

a) Pro oder kontra einer Onshore-Verlagerung

b) Pro oder kontra einer Offshore-Verlagerung, oder

c) für einen Mix aus beiden Möglichkeiten

fallen.

Dabei gilt die folgende Regel: Je stärker die Ausprägung in Prozent, umso einfacher ist eine Verlagerung.

6.2.1 Fragenkatalog - „Verlagerungs-Check"

Je nach Branche gilt es den folgenden Fragenkatalog anzupassen und die Wertigkeit (und damit den Einfluss) der jeweiligen Fragen zu verändern. Dies sollte durch das Management der jeweiligen Unternehmung vorgenommen werden, um zu einem zur Branche und zum Unternehmen passenden Bewertung zu kommen.

Fragen zur Standardisierbarkeit:

- Lässt sich die Aufgabenstellung eindeutig in einer Arbeitsanweisung formulieren?

- Ist die Tätigkeit in Arbeitspakete einteilbar und klar abgrenzbar von anderen Tätigkeiten?

- Wie hoch ist der Anteil an Standardsoftware?

- Gibt es klar definierte Schnittstellen zu den anderen Teilaufgaben?

- Sind eindeutige Qulitäts-Definitionen erarbeitet worden?

- Gibt es viele arbeitsintensive, wiederholbare Tätigkeiten?

- Ist die Kommunikation automatisierbar?

- Ist die erbrachte Leistung messbar und wurden einheitliche Messgrößen definiert?

Fragen zur Komplexität:

- Ist für die Leistungserstellung ein besonderes vom Marktstandard abweichendes Wissen notwendig?

- Ist bestimmtes Branchenwissen erforderlich?
- Ist die notwendige Technologie anspruchsvoll?
- Ist die eingesetzte Technologie neu oder bereits bekannt?
- Kann das Wissen durch Schulungen übertragen werden?
- Wie hoch ist der Ausbildungs- und Einarbeitungsaufwand?
- Ist ein 24 Stunden an 7 Tagen Support notwendig?
- Ist eine einheitliche Geschäftssprache notwendig?

Fragen zum Projektvolumen:

- Wird die Leistung kontinuierlich oder wie oft erbracht?
- Wie groß wird der Gesamt-Leistungsumfang in Bezug auf Mitarbeiter und Zeitraum sein?
- Ist mit einer weiteren Zunahme des Volumens zu rechnen?

Fragen zur Interaktionshäufigkeit:

- Ist die Tätigkeit kundenorientiert oder eher innerbetrieblich fokussiert?
- Wie hoch ist der Kommunikationsaufwand mit anderen, um die Leistung zu erbringen?
- Sind die notwendigen Infrastrukturen und Technologien für Kommunikation vorhanden?
- Gibt es einen erheblichen Koordinations-Aufwand für die Einrichtung der Interaktion?
- Ist mit Reiseaufkommen zu rechnen?

Fragen zur Remotefähigkeit:

- Führt die Verlagerung zu Initialkosten in Soft- / Hardware, Anlagen und anderen Mitteln beim Outsourcing-Partner?
- Spielen der Datenschutz und die Datensicherung eine erhebliche Rolle?

- Ist die Leistungserbringung mit der integrativen Nutzung von sensiblen Daten verbunden?

- Können die existierenden Medien wie Telefon, E-Mail, Internet und Video-Konferenz genutzt werden?

- Kann die Leistung remote dokumentiert werden?

- Kann die Leistung remote unterstützt werden (Kundendienst)?

- Sind Zeitzonen-Unterschiede akzeptabel?

6.2.2 Beispielergebnis – „Verlagerungs-Check"

Jede der gestellten Fragen kann mit einem unterschiedlichen Hebel versehen werden, der die erreichte Gesamtpunktzahl pro Fragenblock unterschiedlich beeinflussen kann. Jeder Fragenblock führt dann zu einem Prozentsatz, der den jeweiligen untersuchten Faktor auf seine Remotefähigkeit hin bewertet.

Die folgende Abbildung zeigt das Ergebnis einer solchen Befragung:

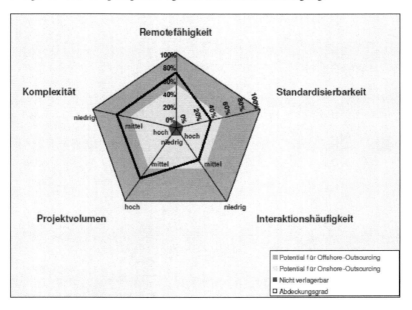

Abbildung 5: Ergebnis „Verlagerungs-Check"- eigene Darstellung

Dieses Ergebnis zeigt die Bewertung einer Tätigkeit, die bei den Faktoren Projektvolumen, Komplexität und Remotefähigkeit ein klares Potential für eine Offshore-Verlagerung zeigt, aber in den Bereichen Standardisierbarkeit und Interaktionshäufigkeit eher onshore-geeignet ist.

Das Modell bietet somit eine einfache, aber sehr plastische Darstellung und Entscheidungshilfe bei der Fragestellung, ob eine Leistung verlagerbar ist oder nicht.

7 Onshore oder Offshore – Entscheidungsfindung

Unternehmen, die Outsourcing als Teil ihrer Strategie in Erwägung ziehen, sollten sich bewusst sein, dass jede Art der Verlagerung auch negative Punkte mit sich bringt. So stehen Kostenvorteile häufig einem Kontrollverlust gegenüber. Dies gilt es insbesondere zu berücksichtigen, wenn über ein Outsourcing von unternehmenswichtigen Leistungen diskutiert wird. Je wichtiger die Leistung für das Unternehmen, umso größer das Risiko bei steigender Entfernung. Dies stellt auch die folgende Abbildung dar:

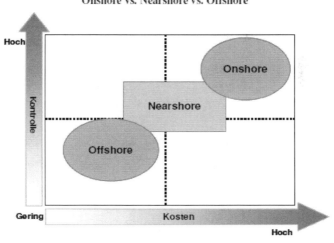

Abbildung 6: Onshore vs. Nearshore vs. Offshore – Vashistha

Neben dem Risiko des Kontrollverlustes nehmen auch die Transaktionskosten mit zunehmender Entfernung zu. Sind diese beim Onshoring noch ziemlich niedrig, so nimmt deren Bedeutung über das Nearshoring zum Offshoring weiter zu. Die Kosten einer solchen Verlagerung werden häufig unterschätzt und teilweise auch nicht beachtet, sie können aber ein ganzes Projekt gefährden, weil die Initialkosten den Gesamtnutzen des Outsourcings übersteigen und es damit unrentabel machen.

In diesem Kapitel werden nun die Motive erläutert, die a) für Onshore und b) für Offshore sprechen und die die jeweilige Entscheidungsfindung unterstützen können.

7.1 Entscheidung für Onshore

In den folgenden Punkten sollen die Motive für eine Verlagerung an nationale Anbieter dargestellt werden. Dabei soll deutlich werden, dass es bei manchen Tätigkeiten keine Möglichkeit gibt, diese offshore in Anspruch zu nehmen, da sie Ortsgebundenheit oder intensiven Kundenkontakt voraussetzen.

7.1.1 Nicht Offshore verlagerbare Leistungen:

Neben Tätigkeiten, die relativ einfach offshore zu verlagern sind, gibt es immer Leistungen und Prozesse in einem Unternehmen, die nicht dafür geeignet sind.

Um eine erste grobe Einschätzung zu bekommen, sollten Unternehmen ihre Prozesse nach den folgenden zwei Kriterien einteilen:

1. Handelt es sich um eine nach außen gelagerte Tätigkeit, die kundennah und damit ortsgebunden ist?

oder

2. Handelt es sich um eine Hintergrund-Aufgabe, die mit keinerlei externem Kundenkontakt verbunden ist?

Diese erste und einfache Trennung ermöglicht es, sich auf die Tätigkeiten zu fokussieren, die unter 2. gelistet werden. Denn hier ist anzunehmen, dass eine Verlagerung ins Ausland einfacher funktionieren kann, um dann genauer zu untersuchen, ob die unter 1. gelisteten Tätigkeiten tatsächlich nicht verlagerbar sind. Dazu sollten die folgenden Punkte näher untersucht werden:

a) Intensität des persönlichen Kontaktes zur Leistungserbringung:
   1. Interaktion mit anderen Personen zur Erstellung des Services notwendig?

2. Interaktion mit dem Kunden notwendig?

b) Ortsgebundenheit:

    1. Nähe zum Kunden notwendig?

    2. Nähe zu Lieferanten, Rohstoffen etc. notwendig?

Oftmals erfordert die Lieferung einer Leistung / eines Produktes den direkten Kontakt zwischen Anbieter und Abnehmer / Kunden. Dies ermöglicht eine reibungslose Erfassung der Kundenbedürfnisse und Umsetzung zu einer passenden Lösung. Handelt es sich um Prozesse und Leistungen, die eine intensive interne Kommunikation benötigen, so gelten hier die gleichen Regeln wie im externen Kontakt mit dem Kunden. Durch Offshoring würde die Kommunikation nicht wie erforderlich erbracht werden können und es entstehen extreme Risiken, die eine professionelle Leistungserbringung gefährden.

Zwar können moderne Medien wie Videokonferenzen und das Internet den Kontakt weltweit einfach herstellen, werden aber nie das persönliche Gespräch ersetzen können. Denn nur der persönliche Kontakt, das „in die Augen schauen" führt zu Vertrauensbildung – intern und vor Allem extern.

Das Thema Ortsgebundenheit besitzt zwei Dimensionen. Zum einen ist die Frage zu klären, ob physikalische Nähe zum Kunden benötigt wird, um die Leistung zu erbringen, oder ob dies auch aus der Entfernung durch die Nutzung von modernen Medien geschehen kann.

Wird zum Beispiel „nur" Support benötigt um eine laufenden Lösung zu unterstützen, so kann dies auch aus der Ferne geschehen. Wird aber Fachwissen beim Kunden benötigt, das nicht ausgelagert werden kann / soll, so ist Ortsgebundenheit ein Faktor, der ein Offshoring der Leistung unmöglich macht.

Die zweite Dimension liegt in der vor Ort verfügbaren Qualität der benötigten Ressourcen und der Fragestellung, ob diese im entfernten Ausland genau so gegeben sind. Ist die Leistungserbringung stark davon abhängig, dass Ressourcen in ausreichender Menge und Qualität vor Ort vorhanden sind, kann dies zu einem K.O.-Kriterium für weit entfernte Verlagerung werden.

7.1.2 Kostenzunahme durch grenzüberschreitende Verlagerung

Die Verlagerung von Leistungen in Niedriglohnländer ist für viele Unternehmen sehr verlockend, weil Kostenvorteile damit verbunden sind. Um von den günstigen Ressourcen profitieren zu können, müssen aber zunächst Investitionen getätigt werden, die häufig nicht unerheblich sind und in einer Gesamtkostenanalyse des Projektes erfasst werden müssen.

Fallen diese Kosten bei Onshore-Outsourcing eher klein aus, können beim Offshore-Outsourcing große Kostenblöcke anfallen, die durch die Distanz-Barrieren entstehen. So müssen häufig große Summen ausgegeben werden, um den Outsourcing-Partner zu finden, diesen danach auszubilden und die Erwartungshaltung abzugleichen und dann im laufenden Betrieb remote zu unterstützen.

Dabei ist festzuhalten, dass diese Kosten mit zunehmender Entfernung steigen und sich somit die Einsparungspotentiale verringern.

7.1.3 Kosten der Outsourcing-Partner-Auswahl

Einen passenden Partner für das Outsourcing zu identifizieren und anschließend zu bewerten stellt einen erheblichen finanziellen Aufwand dar, ist aber unbedingt erforderlich.

Die folgenden Punkte und Faktoren sollten unbedingt vor einer Verlagerung geprüft werden[15]:

- Politische Stabilität im Land

- Finanzielle Stabilität des Partners / Landes

- Kulturelle Eignung (Sprache / Kommunikation / Werte)

- Qualität (internationale Zertifizierung etc.)

- Ressourcen vor Ort (Qualifikation, Menge etc.)

- Produktionskosten-Unterschiede

- Prozess-Methodiken (ISO 9001, ITIL etc.)

---

[15] vgl. Qu und Brocklehurst – Journal of Information and Tehnology

- Referenzen des Partners

- Offshore-Referenzen

- lokale Präsenz im Eskalationsfall

Da Unternehmen langjährige Verträge mit dem Outsourcing-Partner eingehen, ist diese Prüfung genauestens und intensiv durchzuführen, was teilweise erhebliche Kosten mit sich bringt. Die Auswahl ist aber für die Qualität der Leistung und die Kundenzufriedenheit entscheidend und daher extrem wichtig.

Auch hier gilt, je weiter entfernt der Outsourcing-Partner arbeitet, desto höher die Kosten und desto länger die Ergebnisfindung.

7.1.4 Kosten durch Aufgabe der Tätigkeit im eigenen Unternehmen

Entscheidet sich ein Unternehmen für ein Offshoring, entfällt die Möglichkeit Mitarbeiter, die durch die Verlagerung im eigenen Unternehmen freigesetzt werden, an den Outsourcing-Partner zu vermitteln. Eine solche Mitarbeiterübernahme wäre beim Onshoring möglich.

Mit der Freisetzung der Mitarbeiter sind unterschiedliche Verwaltungsaufgaben verbunden und es müssen Kosten für Abfindungen etc. einkalkuliert werden. Zudem wird es Kosten für die Einarbeitung des Offshoring-Partners geben, was erneut Schulungs-, Personal- und Zeitaufwand bedeutet.

All diese Kosten sind vor der Entscheidung zu kalkulieren und in die Gesamtkostenrechnung einzubringen. In einigen Fällen kann dadurch eine Entscheidung gegen Offshoring notwendig sein, weil das Kosten-Nutzen- Verhältnis nicht passt.

7.1.5 Kulturelle Kosten

Dazu zählen Kosten, die anfallen, weil es große kulturelle Unterschiede zwischen Ursprungsland und Partner-Land gibt. Dazu zählen vorhandene Sprachbarrieren oder unterschiedliche Qualitätsansprüche zwischen den Ländern. All dieses führt zu zusätzlichen Aufwänden in der täglichen Arbeit.

7.1.6 Managementkosten des Offshore-Vertrages

Auch die bloße Verwaltung eines Offshore-Vertrages erzeugt Kosten, zum Beispiel für:

- Kontrollkosten (Überwachung der vertraglich vereinbarten Leistung)
- Verhandlungen mit dem Outsourcing-Partner
- Änderungen im Leistungsumfang
- jede noch so kleine Änderung im Vertrag

Dieses Vertragsmanagement ist also für die Einhaltung der vereinbarten Leistungen zuständig und notwendig um kein Risiko in der gesamten Wertschöpfungskette zu schaffen.

Hier gilt: Je größer und komplexer der Vertrag ist, desto größer die damit anfallenden Management-Kosten.

7.1.7 Versandkosten

Dieser Faktor fällt lediglich bei der Offshore-Herstellung von Gütern an, die dann zum Verkauf weltweit verschickt werden müssen. Werden diese Produkte zum Beispiel in Asien hergestellt, müssen dann von Asien nach Deutschland transportiert werden, um im Endprodukt eingefügt zu werden, so müssen diese zusätzlichen Kosten mit einkalkuliert werden. Zudem fallen Kosten für Ersatzteil-Lieferungen an und in Summe ist mit höheren Transport-Abwicklungskosten zu rechnen, um das weltweite Netzwerk von Zulieferern kontrollieren zu können und keinen Nachteil in Bezug auf Lieferzeiten etc. für den Endkunden entstehen zu lassen.

Hier hängen die Kosten von der Entfernung und der Größe / Masse des Produktes zusammen.

7.1.8 Datensicherheit

Die Verlagerung von Leistungen und Produkten in weit entfernte Länder birgt noch ein Risiko, das unbedingt erwähnt werden muss, weil es einen extremen

Einfluss auf die Entscheidungsfindung haben kann. Das Thema lautet Datensicherheit.

Datensicherheit betrifft zum einen Daten, die das Unternehmen an den Outsourcing-Partner weitergeben muss, um ein Produkt herzustellen (Rezepturen, technische Zeichnungen, Pläne, Prozess-Abläufe etc.), zum anderen aber auch Informationen, die zur Lieferung von Dienstleistungen benötigt werden (Daten über Mitarbeiter, Kunden etc.).

In beiden Fällen ist unbedingt zu überprüfen, wie die Gesetzeslage in dem jeweiligen Land ist und ob Missbräuche nach internationalem Recht angefochten werden können, was leider häufig nur schwer möglich ist.

Daher ist eine sorgfältige Prüfung notwendig und insbesondere intern die Frage zu stellen, ob die Informationen herausgegeben werden sollen oder besser nicht. Viele Beispiele von Datenmissbrauch sind in den letzten Jahren bekannt geworden, die auch einen hohen Schaden angerichtet haben.

Daher sollten generell die Daten nicht verlagert werden, die Kernprozesse und Know-How der Unternehmung betreffen, und die Informationen besonders geschützt werden, die intime Details über Mitarbeiter und Kunden preisgeben können.

7.2 Gründe für Offshore Outsourcing

Neben den bereits erläuterten Kosteneinsparungspotentialen können weitere Motive für ein Offshore-Outsourcing genannt werden. Die Themen Zeitzonen, Sprachen, Ressourcen-Vielfalt und die Erschließung neuer Märkte sollen in diesem Abschnitt näher betrachtet werden.

7.2.1 Zeitzonen

Auch wenn sich unterschiedliche Zeitzonen zunächst als Nachteil in der Kommunikation zwischen Unternehmen und Outsourcing Partner darstellen, liegt in ihnen doch auch ein großer Vorteil.

Für Unternehmen, die ihren Kunden 24 Stunden an sieben Tagen der Woche zur Verfügung stehen müssen, um zum Beispiel im Versandhandel Bestellungen entgegen zu nehmen oder Service und Unterstützung für Produkte zu bieten (für Software, IT-Dienstleistungen etc.), bietet das Outsourcing in andere Zeitzonen einen immensen Vorteil, weil keine teuren Überstunden im Heimatland, sondern der normale, zudem geringere Lohn in Indien bezahlt wird, wenn in Deutschland bereits Feierabend ist. Dieses Prinzip wird "follow the sun"-Prinzip genannt und ist heute Basis vieler Support-Modelle in großen Unternehmen.

Das Prinzip bietet zudem die Möglichkeit, das Spezialisten rund um den Globus 24 Stunden an der Entwicklung eines Produktes arbeiten können und damit erheblich verkürzte Markteinführungszeiten erreicht werden können (time to market). Dies ist in der heutigen, schnelllebigen Zeit ein starker Wettbewerbsvorteil.

7.2.2 Sprachen

Auch das Thema Sprachen sollte kurz positiv erwähnt werden, obwohl es auch eine Barriere in der Kommunikation darstellen kann.

Unternehmen, die zum Beispiel aus Deutschland heraus international agieren wollen, haben mit dem Outsourcing nach Indien sofort englischsprachige Mitarbeiter an Bord und können den Faktor internationale Sprache schnell und kostengünstig darstellen.

7.2.3 Ressourcen Vielfalt

Ein weiterer Vorteil für die Nutzung von Offshoring liegt in der vielfältigen Verfügbarkeit von Personal-Ressourcen. Für immer komplexere Tätigkeiten und Prozesse werden auch immer anspruchsvollere Mitarbeiter benötigt, die in den weit entwickelten Nationen nur schwer und kostenintensiv verfügbar sind.

In Ländern wie Indien, Russland und der Ukraine dagegen ist der Pool an hoch qualifizierten Ressourcen größer und zudem sind die Personalkosten niedriger.

Ein weiterer Punkt liegt in der Flexibilität der Ressourcen. In den etablierten Industrienationen sorgen Einstellungsbedingungen und Gewerkschaften für eine Situation, in der qualifizierte Mitarbeiter nach einer gewissen Zeit fest angestellt werden müssen und damit nur schwer und teuer wieder freisetzbar sind. Dies führt zu einer Inflexibilität und hohen Kosten. Hier kann Offshore- Outsourcing helfen, da die Leistungserbringung zeitlich begrenzt werden kann und somit Kosten von fixen zu variablen werden und die Kosten nur für die benötigte Dauer der Leistungserbringung anfallen.

7.2.4 Markterschließung

Eines der ältesten Motive für eine Verlagerung in das Ausland liegt in der Erschließung neuer Märkte. Denn durch die Erbringung von Leistungen im Ausland können diese sowohl in das Ursprungsland der Unternehmung, aber auch im Land selbst vermarktet werden, Außerdem gehören die heute starken Outsourcing-Länder parallel auch häufig zu den stärksten Wachstumsmärkten der Welt (Indien, China, Russland etc.) und bieten damit ein großes Potential für die Vermarktung der Produkte und Leistungen.

Die vorhandenen Ressourcen können dann das erlernte Wissen nicht nur offshore, sondern auch lokal einbringen und tragen somit doppelt zum Erfolg des Unternehmens bei.

8 Fazit

In der vorliegenden Seminararbeit wurde der Versuch unternommen, das Thema Outsourcing im Hinblick auf die Verlagerungsfähigkeit von Produkten und Leistungen darzustellen. Während der Erstellung der Arbeit wurde deutlich, dass es bei jeder der möglichen Varianten unterschiedlichste Punkte gibt, die zu einem Erfolg oder Misserfolg führen können und dass es kein Rezept für eine erfolgreiche Verlagerung gibt.

Daher sind Unternehmen weltweit gezwungen individuell zu prüfen, ob und wie eine Leistung verlagert werden kann und welche eigentliche Zielsetzung hinter der geplanten Verlagerung steht.

Auch wenn moderne und günstige IT-Infrastrukturen heute die gesamte Welt in Echtzeit miteinander verbinden können, sollte trotz alledem der Faktor Mensch und persönliche Interaktion nicht unterbewertet werden. Kosteneinsparungen sind gut und wichtig, solange darunter nicht das eigentliche Geschäft und der Unternehmenszweck leidet, nämlich gute Qualität zur richtigen Zeit zu liefern.

Außerdem bekommt der Faktor Datensicherheit eine immer größere Bedeutung und ist ein absoluter K.O.-Faktor für viele auch kostenseitig interessante Entscheidungen. Der Schutz der Kernkompetenzen und der Kundendaten hat eine oftmals nicht messbare Bedeutung und steht in jedem Fall über jedem monetären Vorteil.

Der Trend zum Outsourcing ist ungebrochen stark und moderne, global agierende Unternehmen müssen sich daher immer stärker mit dem Thema auseinander setzen. Outsourcing eröffnet jede Menge Möglichkeiten und Potentiale, ist aber ein hochkomplexes Thema und muss genauestens geprüft werden, um nicht zum Bumerang zu werden.

Literaturverzeichnis

Barney Jay
Firm resources and sustained competitive advantage, in: Journal of Management Studies,
Band 17, S. 99 – 120.

Barsness I. Zoe, Diekmann A. Kristina, Seidel L. Marc-David
Motivation and opportunity: The role of remote work, demographic dissimilarity, and social
network centrality in impression management, in: Academy of Management Journal, Band
48, S. 401 – 419.

Barthélemy JérômeThe hidden costs of IT outsourcing, in: MIT Sloan Management Review,
Band 42, S. 60 – 69.

Barthélemy Jérôme, Geyer Dominique
The determinants of total IT outsourcing: An empirical investigation of french and german
firms, in: Journal of Computer Information Systems, Band 44, S. 91 – 97.

Baxter Andrew
Financial Times: Outsourcing steps up to a new level, in: Zeitschrift für
betriebswirtschaftliche Forschung, S. 1.

Beattie Allan
Financial Times Report: Future of Work – Offshoring: a winner for both parties?, in:
Zeitschrift für betriebswirtschaftliche Forschung, S. 3.

Bettis Richard, Bradley P. Stephen, Hamel Gary
Outsourcing and industrial decline, in: Academy of Management Executive, Band 6, S. 7 –
22.

Blakely J. Edward
Competitive advantage for the 21st-century city – Can a place- based approach to economic
development survive in a cyberspace age?, in: Journal of the American Planning Association,
Band 67, S. 133 – 141.

Boes Andreas, Schwemmle Michael:
Herausforderung offshoring – Internationalisierung und Auslagerung von IT-
Dienstleistungen, veröffentlicht von: Hans Böckler Stiftung, Düsseldorf 2004.

Boes Andreas, Schwemmle Michael
Bangalore statt Böblingen? Offshoring und Internationalisierung im IT-Sektor, veröffentlicht
von: VSA-Verlag Hamburg 2005.

D`Agostino Debra
Research - Outsourcing: How well are you managing your partners?, in: CIO Insight,
Ausgabe 33, S. 75 - 85.

Dahlman Carl, Utz Anuja
India - India and the knowledge economy - leveraging strengths and opportunities,
veröffentlicht von: World Bank, Ausgabe 31267

Davenport H. Thomas
The coming commoditization of processes, in: Harvard Business Review, Band 83, S. 100 –
108.

David J. Robert, Han Shin-Kap
A systematic assessment of the empirical support for transaction cost economics, in: Strategic
Management Journal, Band 25, S. 39 – 58.

Davies Paul
What`s this india business? Offshoring, outsourcing, and the global services revolution,
veröffentlicht von: Nicholas Breadley International, London

Donkin Richard
Financial Times APPOINTMENTS: We are sailing to centres of excellence: An experiment in
crew training for offshore racing could shed light on the problem of whether to hire outside
expertise or develop in-house talent, in: Zeitschrift für betriebswirtschaftliche Forschung, S.
9.

Dossani Rafiq, Kenney Martin
Went for cost, stayed for quality? Moving the backoffice to india, in: Studie von APARC –
Asia-Pacific Research Center – Stanford Institute for International Studies, S. 1 – 35.

Gilley K. Matthew, Rasheed Abdul
Making more by doing less: An analysis of outsourcing and its effects on firm performance,
in: Journal of Management, Band 26, S. 763 – 790.

Grund Ludwig
Osteuropäer verdrängen Inder vom deutschen Outsourcing – Markt, in: Handelsblatt, 2005,
Nr. 94, S. 22.

Karmarkar Uday
Will you survive the service Revolution?, in: Harvard Business Review, Band 82, S. 101 –
107.

Kotabe Masaaki
Global sourcing strategy – R&D, manufacturing, and marketing interfaces, veröffentlicht
von: Quorum Books, New York

Lacity C. Mary, Willcocks P. Leslie
An empirical investigation of information technology sourcing practices: Lessons from
experience, in: MIS Quarterly, Band 22, S. 363 – 408.

Marriott Ian
Opportunities and risks in offshore outsourcing, in: Studie von Gartner Symposium ITXPO, S.
1 – 20.

Mazzawi Ellas
Transformational Outsourcing, in: Business Strategy Review Band 13, S. 39 – 43.

Mazzawi Ellas, Munsif Sunil, Stark Rosemary
Upfront bestpractice: Sunrises on rightshore, in: Business Strategy Review, Band 14, S. 4 – 6.

Pinto M. Jo Ann
Swimming against the tide: The Hidden Costs of Offshoring, in: CPA Journal, Band 75, S. 9 – 11.

Porter Michael
What is Strategy?, in: Harvard Business Review, Band 74, S. 61 – 78.

Porter Michael
Clusters and the new economics of competition, in: Harvard Business Review, Band 76, S. 77 – 90.

Sparrow Elizabeth
Successful IT outsourcing: from choosing a provider to managing the project, veröffentlicht von: Springer Verlag, London

Vashistha Atul, Vashistha Avinash, Butler Allisson
Research Summary: Mapping Offshore Markets, in: Studie von NeoIT – Offshore Insights White Paper, S. 1 – 34.

Vesting Till, Rouse Ted, Reinert Uwe
Hedge your offshoring bets, in: MIT Sloan Management Review, Band 46, S. 27-29.

von Wartenberg
Investition in die Zukunft – Wie Deutschland den Anschluss an die globalisierte Welt findet, veröffentlicht von: WILEY-VCH Verlag 2005

Kurzprofil – Hagen Höhl

Hagen Höhl
hagen.hoehl@wincor-nixdorf.com

Berufspraxis

Seit 01/2010	**Director Strategic Sales** (Wincor Nixdorc Int. GmbH)
11/2007 bis 12/2009	**Head of Banking - Russia** (Wincor Nixdorc Int. GmbH)
01/2003 bis 12/2007	**Regional Sales Director MENA** (Wincor Nixdorc Int. GmbH)
09/2000 bis 11/2001	**Vertriebsassistent / -berater** (Wincor Nixdorc Int. GmbH)
01/2003 bis 12/2007	**Regional Sales Director MENA** (Wincor Nixdorc Int. GmbH)
08/1998 bis 09/2000	**FBV – Fachberater Betriebswirtschaft / Vertrieb** (Siemens Nixdorc)

Erfolgreicher Technologietransfer durch Relationship-Management

Eine Strategie für die Gesundheitsforschung am Beispiel der Helmholtz-Gemeinschaft

Thomas Gazlig

Inhaltsverzeichnis

Abbildungsverzeichnis

Tabellenverzeichnis

Abkürzungsverzeichnis

[…]	Auslassungen in einem Zitat
Abb.	Abbildung
BMBF	Bundesministerium für Bildung und Forschung
bzw.	beziehungsweise
etc.	et cetera
EFI	Expertenkommission für Forschung und Innovation
EU	Europäische Union
F&E	Forschung und Entwicklung (englisch: R&D)
ff.	folgende Seiten
ggf.	gegebenenfalls
Hrsg.	Herausgeber
IP	Intellectual Property (geistiges Eigentum)
KAM	Key-Account-Management
KMU	Kleine und Mittlere Unternehmen
Mio., Mrd.	Millionen, Milliarden
Nr.	Nummer
o. J.	ohne Jahr
PR	Public Relations (Öffentlichkeitsarbeit)
S.	Seite
Tab.	Tabelle
vgl.	vergleiche
z.B.	zum Beispiel

Vorwort

Eine erstklassige Grundlagenforschung bildet die Basis für die Innovationsfähigkeit Deutschlands. Die große Bedeutung für unsere Zukunft hat auch die Politik erkannt und investiert in wirtschaftlich schwierigen Zeiten sogar verstärkt in diesen Bereich. Damit sind hohe Erwartungen verbunden: Die Grundlagenforschung wird zeigen müssen, dass Erkenntnisgewinn nicht nur zu guten Ideen, sondern auch zu neuen Produkten und Arbeitsplätzen führen kann. Dabei dürfen nicht nur Ausgründungen im Vordergrund stehen. Mindestens ebenso viel versprechend kann die Zusammenarbeit mit bereits bestehenden Unternehmen sein. Diese Arbeit soll dazu beitragen, diese Innovationspotenziale an der Schnittstelle von Grundlagenforschung und Wirtschaft besser auszuschöpfen.

Der Technologietransfer muss sich neuen Anforderungen stellen. Es reicht nicht aus, die Aktivitäten auf die Verwertung von Patenten auszurichten. Die Transfereinrichtungen müssen sich auf Kernkompetenzen fokussieren und gleichzeitig den Wandel von der Technologie- zur Nutzenorientierung vollziehen. Immer deutlicher wird zudem die Bedeutung des Transfers von personengebundenem Wissen und auf Seiten der Unternehmen die Prozesskompetenz als Engpass. Diese Entwicklungen führen dazu, dass Kooperationen und strategische Partnerschaften ins Zentrum der Aufmerksamkeit rücken.

Vor diesem Hintergrund wird die Initiierung und aktive Gestaltung von Beziehungen zwischen Wissenschaftlern und Unternehmensvertretern zu einem Schlüsselelement für erfolgreichen Technologietransfer. Entscheidend ist dabei die Vorbereitung: Genau das richtige Forschungsprojekt muss genau dem richtigen Kunden angeboten werden. Erforderlich sind dazu ein systematischer Selektionsprozess, eine aktive Vermarktung verwertbarer Forschungsergebnisse und eine kundenorientierte Gestaltung der Geschäftsbeziehung. Mit dem Relationship-Management-Konzept macht diese Arbeit einen praxisrelevanten Vorschlag zur Umsetzung, der hoffentlich eine weite Verbreitung findet.

Mein Dank gilt vor allem den Experten und meinen Mitarbeitern für wertvolle Hinweise und persönliche Unterstützung. Der Helmholtz-Gemeinschaft danke ich für die Unterstützung des Studiums an der St. Galler Business School.

Ganz besonders danke ich aber meiner Familie, die mich entlastet und mit viel Verständnis in dieser Studienzeit begleitet hat und so einen wesentlichen Anteil am Gelingen dieser Arbeit hat.

1 Einleitung

„Forschung, Innovationen und neue Technologien sind die Grundlage für künftigen Wohlstand. Sie sind die Quellen von wirtschaftlichem Erfolg, von Wachstum und Beschäftigung [...] Deshalb geht es uns darum, dass in Deutschland, dem Land der Ideen, neue Technologien nicht nur entwickelt, sondern auch angewandt werden", heißt es im Koalitionsvertrag der Bundesregierung.[1] Innovationen können zu zeitlichen, kostenmäßigen und qualitätsbetonten Wettbewerbsvorteilen führen und sind ein Überlebensfaktor in den gesättigten Märkten der globalen Marktwirtschaft. Die Grundlage von Innovationen bilden Forschung und Wissenschaft. Dabei gilt: Je bahnbrechender eine Innovation ist, desto grundlegender ist die dahinter liegende Forschung.

1.1 Problemstellung

Forschung und Innovation sind weltweit einer Transformation unterworfen: Ressourcen verlagern sich in Länder mit aktiven Innovationsstrategien, Innovationsprozesse beschleunigen sich und die Aktivitäten in Forschung und Entwicklung (F&E) konzentrieren sich auf hart umkämpfte Spitzentechnologien mit großen Wachstumspotenzialen. Deutschland ist zudem im internationalen Innovationswettbewerb in den vergangenen 20 Jahren ins Mittelmaß zurückgefallen, so dass die Zusammenarbeit zwischen Wissenschaft und Wirtschaft gezielt unterstützt und ausgebaut werden muss.[2]

---

[1] CDU, CSU & FDP (2009, S. 63).

[2] Vgl. EFI (2010, S. 34, 47); Stifterverband (2007, S. 5).

Gleichzeitig werden mit dem Pakt für Forschung und Innovation die finanziellen Zuwendungen für die außeruniversitären Forschungseinrichtungen in wirtschaftlich schwierigen Zeiten ab 2011 um 5 % pro Jahr erhöht. Entsprechend hoch sind die Erwartungen an die Wissenschaft: Auch die Grundlagenforschung[3] wird zeigen müssen, dass sich diese Investition lohnt, denn bisher führen zu wenige der hervorragenden wissenschaftlichen Ergebnisse tatsächlich zu neuen Produkten und Verfahren. Dieses Ziel darf trotz des berechtigten Strebens nach wissenschaftlicher Exzellenz nicht vernachlässigt werden.[4]

Offenbar gibt es trotz vieler Anstrengungen zur Förderung des Technologietransfers[5] in der Vergangenheit erhebliche Verbesserungspotenziale an der Schnittstelle von Wissenschaft und Wirtschaft. Die Forschungspolitik widmet dabei insbesondere Ausgründungen eine große Aufmerksamkeit, die jedoch nur einen Teilbereich des Technologietransfers darstellen.

Im Mittelpunkt dieser Arbeit steht der Technologietransfer von Forschungsergebnissen aus der öffentlich finanzierten Grundlagenforschung zu bereits existierenden Unternehmen. Unberücksichtigt bleibt der Transfer z. B. durch Ausgründungen, Personalaustausch oder Publikationen. Der Untersuchungsgegenstand ist die Gesundheitsforschung der Helmholtz-Gemeinschaft Deutscher Forschungszentren[6], wobei der Schwerpunkt auf der Initiierung eines Transfers in Richtung Pharmaindustrie liegt. Aufgrund der interkulturellen Unterschiede kann dabei im Rahmen einer Diplomarbeit nur die deutsche Perspektive betrachtet werden. Unberücksichtigt bleiben weiterhin der Transfer von der Industrie in die Forschung, von der Forschung zu klein- und mittelständischen Unternehmen (KMU) sowie von KMUs und Pharmaunternehmen untereinander.

---

[3] Dies betrifft sowohl neugiergetriebene (z. B. Max -Planck-Gesellschaft) als auch nutzenorientierte Grundlagenforschung (z. B. Helmholtz-Gemeinschaft). Zur Definition der Begriffe vgl. Salter & Martin (2001, S. 510).

[4] Vgl. EFI-Gutachten (2010, S. 10); Sabisch (2002, S. 17); Stifterverband (2007, S. 5); Wissenschaftsrat (2007b, S. 29).

[5] Wie von Schmoch (2000a, S. 4) vorgeschlagen, differenziert dieses Arbeit nicht zwischen Technik (nützliche Artefakte) und Technologie (anwendungsorientiertes Wissen). Der erweiterte Ausdruck Wissenss- und Technologietransfer wird jedoch nicht verwendet, da der Transfer von Technologie immer einen Wissenstransfer impliziert.

[6] Nachfolgend als Helmholtz-Gemeinschaft oder Helmholtz-Gesundheitsforschung bezeichnet.

Den Technologietransfer beeinflussen derzeit fünf Entwicklungen, die in Kapitel 2 näher erläutert werden. Erstens müssen die Transferstellen den Wandel von einer Technologieorientierung zu einer Orientierung an den Bedürfnissen der Unternehmen vollziehen. Häufig konzentrieren sich die Tätigkeiten auf den Schutz des geistigen Eigentums (Intellectual Property, IP). Dieser Schutz ist zwar für eine kommerzielle Verwertung unverzichtbar, darf jedoch nicht gleichzeitig dazu führen, dass die rechtzeitige Vermarktung der Erfindungen vernachlässigt wird. Das Management der IP-Rechte ist in Deutschland meist gut und mit ausreichend kritischer Masse gelöst.

Studien belegen zweitens die Bedeutung personengebundenen Wissens im Innovationsprozess. Solches Wissen ist schwer kodifizierbar und lässt sich nur durch persönliche Kontakte transferieren. Auf Unternehmensseite hat sich drittens die Prozesskompetenz als Engpass erwiesen, der maßgeblich die Absorptionsfähigkeit der Unternehmen begrenzt. Studien jüngerer Zeit sehen viertens in strategischen Partnerschaften den wichtigsten Ansatz, um die Verbindungen von Wissenschaft und Wirtschaft zu intensivieren. Und schließlich ist die Situation des Technologietransfers in Deutschland durch sehr viele Transfer-Akteure[7], eine geringe Akzeptanz der Vermittlungseinrichtungen und ein Missverhältnis von Ressourcen und Aufgaben gekennzeichnet. Erforderlich ist daher eine Fokussierung, wobei drei strategische Optionen diskutiert werden: Support, Verwertung oder Promotor.[8]

Zusammenfassend lässt sich festhalten: Der Technologietransfer ist zurzeit kaum in der Lage, die zukünftigen Herausforderungen aufgrund der aktuellen forschungspolitischen Weichenstellungen zu bewältigen. Es bedarf daher neuer strategischer und struktureller Ansätze. Dazu soll diese Arbeit einen Beitrag leisten.

---

[7] Die männliche Form ist der Kürze halber gewählt; sie steht durchweg für Frauen und Männer.

[8] Einen umfassenden Überblick über die institutionellen Strukturen und die Situation in Deutschland geben vor allem Stifterverband (2007), Schmoch et al. (2000) und Wissenschaftsrat (2007b).

1.2 Ziel der Arbeit

Ziel dieser Arbeit ist die Entwicklung einer Strategie für erfolgreicheren Technologietransfer aus der gesundheitsorientierten Grundlagenforschung der Helmholtz-Gemeinschaft in die Pharmaindustrie. Die Fokussierung auf die Promotorfunktion ist dazu eine viel versprechende strategische Option, denn die aktive Gestaltung von Geschäftsbeziehungen zwischen Wissenschaft und Unternehmen wird zu einem Schlüsselelement, um die aktuellen Herausforderungen im Technologietransfer zu bewältigen. Zudem hat eine Studie von Walter bereits gezeigt, dass Geschäftsbeziehungen im Technologietransfer durch Promotoren stark verbessert werden können. Auf dieser Grundlage hat Walter das normative Modell des Beziehungspromotors entwickelt.[9]

Es fehlt jedoch bisher an praktischen Umsetzungsvorschlägen. Mit dieser Arbeit soll daher eine systematische Vorgehensweise entwickelt werden, um Forschungsprojekte mit wirtschaftlichem Potenzial zu identifizieren, kundengerecht aufzubereiten und anschließend gezielt und aktiv zu vermarkten bzw. einer Verwertung zuzuführen. Ohne den besonderen Charakter und die Arbeitsweise der freien Grundlagenforschung zu verändern, sollen dazu bewährte Strategie- und Marketingkonzepte aus der Wirtschaft konsequent auf den Technologietransfer aus der Grundlagenforschung übertragen werden.

Dazu müssen die kritischen Erfolgsfaktoren identifiziert werden, nach denen die Ansprechpartner auf Unternehmensseite entscheiden, ob erste Kontakte auf der Grundlage einer Offerte vertieft werden. Vor allem eine erfolgreiche Initiierungsphase trägt maßgeblich dazu bei, sowohl die Zahl der Kooperationen zwischen Grundlagenforschung und Wirtschaft als auch deren Intensität zu steigern. Dabei macht es zunächst keinen Unterschied, ob daraus z. B. eine einmalige Lizenzierung oder eine strategische Partnerschaft wird.

---

[9] Vgl. Walter (1998)

Entstehen soll ein praxisnahes Konzept, das die strategische Option der Promotorfunktion ausgestaltet und den gesundheitsorientierten Forschungszentren der Helmholtz-Gemeinschaft Handlungsempfehlungen für den Aufbau eines wirksamen Technologietransfers gibt. Insbesondere Helmholtz-Zentren, die über keine nennenswerten eigenen Technologietransferaktivitäten verfügen, erhalten einen konkret umsetzbaren Gestaltungsrahmen für Prozesse und Strukturen. Dazu gehören z. B. das Helmholtz-Zentrum für Infektionsforschung, das Max-Delbrück-Centrum für Molekulare Medizin oder die in Gründung befindlichen Deutschen Gesundheitszentren. Aber auch andere Forschungsbereiche und Einrichtungen außerhalb der Helmholtz-Gemeinschaft, Technologietransfereinrichtungen, interessierte Unternehmen und die Politik erhalten Anregungen für einen effektiveren Technologietransfer.

1.3 Vorgehensweise

Um ein tragfähiges Konzept für erfolgreicheren Technologietransfer zu entwickeln, bedarf es zunächst einer Situationsanalyse des deutschen Technologietransfers, die Gegenstand des zweiten Kapitels ist. Es handelt sich einen komplexen Untersuchungsgegenstand, so dass eine umfassende Betrachtung verschiedener Disziplinen und die Einbeziehung verschiedener Studien erforderlich sind, um die Ansatzpunkte für effektivere Transferprozesse zu identifizieren und auf dieser Grundlage entsprechende Marketing- und Strategiekonzepte zu entwickeln. Die für diese Arbeit besonders relevanten Methoden aus Marketing und strategischem Management werden im dritten Kapitel kurz erläutert.

Um konkrete Handlungsoptionen für die Zukunft zu entwickeln, werden im vierten Kapitel die kritischen Erfolgsfaktoren identifiziert, die bei der Initiierung von Kooperationen mit der deutschen Pharmaindustrie über Erfolg oder Scheitern entscheiden. Dazu wurde die umfangreiche Literatur zu den Themen Innovationsmanagement und Technologietransfer analysiert. Zusätzlich wurden ausgewählte Vertreter aus dem Pharmabereich und von Verwertungsunternehmen als Experten befragt, um die Erwartungen der Unternehmen an die

Marketing-Dienstleistungen im Technologietransfer zu erfassen. Zusätzlich wurden mit dem Leiter eines Helmholtz-Zentrums die Rahmenbedingungen für eine mögliche Implementierung diskutiert.

Die Handlungsoptionen für den Technologietransfer werden mit dem Relationship-Management-Konzept im fünften Kapitel umsetzungsreif ausgearbeitet. Bestandteile des Konzepts sind eine operative Marketing-Strategie, Portfolio-Analysen zur Identifikation von Projekten mit wirtschaftlichem Potenzial und den dazu passenden Kunden, ein Key-Account-Management zur Gestaltung der Beziehungen mit internen und externen Kunden, ein Absatzkonzept sowie Vorschläge zur Struktur und Organisation. Betrachtet wird dazu in der Regel ein einzelnes Forschungsprojekt, das zu mehreren Erfindungen führen kann. Erstrecken sich diese Erfindungen auf ganz unterschiedliche Anwendungsfelder, empfiehlt sich die Aufteilung in verschiedene Unterprojekte.

Die Schlussfolgerungen fassen die wesentlichen Ergebnisse zusammen, enthalten Handlungsempfehlungen für Forschungseinrichtungen, Unternehmen und die Politik und adressieren noch offene Fragestellungen. Um den mit dem Thema wenig vertrauten Lesern das Verständnis zu erleichtern, werden relevante Fachbegriffe aus Wissenschaft und Wirtschaft in einem Glossar im Anhang erläutert.

2 Interaktion zwischen Wirtschaft und Wissenschaft

Zwischen Forschungsintensität, Innovationsaktivität, Produktivität und ökonomischem Wachstum besteht ein positiver und signifikanter Zusammenhang.[10] Trotz dieser großen Bedeutung von Innovation als Motor für wirtschaftliches Wachstum, besteht in Deutschland derzeit Nachholbedarf.[11] Der Wirtschaftsstandort Deutschland hängt in erheblichem Maße davon ab, dass es auch gelingt, Entwicklungen aus dem Bereich der Spitzentechnologie zu kommerzialisieren. Dabei darf keine einseitige Ausrichtung auf eine kurzfristige ökonomi-

---

[10] Vgl. Guellec & van Pottelsberghe (2001, S.4).

[11] Vgl. Stifterverband (2007, S. 25ff.) und die dort zitierten Arbeiten.

sche Verwertbarkeit von Ergebnissen erfolgen. Dies würde die Innovationskompetenz mittelfristig stark einschränken, da vor allem Lösungen für bekannte Probleme und Produktverbesserungen entwickelt werden. Wesentlich ist jedoch, dass die Ergebnisse der mit geringer Selektivität geförderten Grundlagenforschung gezielter verwertet werden.[12]

Auch wenn die Interaktionen zwischen öffentlicher Forschung und Unternehmen in Deutschland ein durchaus beachtliches Niveau erreicht haben, so wird doch dem Technologietransfer eine gemischte Bilanz zugeschrieben. Kritisiert wird, dass das vorhandene Transferpotenzial an der Schnittstelle von Forschung und Wirtschaft nicht konsequent ausgeschöpft werde, denn „aus guten Ideen werden zu selten neue Produkte, die auch in Deutschland gefertigt werden."[13] Das öffentliche Forschungssystem in Deutschland besteht aus verschiedenen Akteuren, zu denen im Wesentlichen z. B. über 200 Hochschulen, die außeruniversitären Forschungsorganisationen Helmholtz-Gemeinschaft, Max-Planck-Gesellschaft, Fraunhofer-Gesellschaft und Leibniz-Gemeinschaft und Förderorganisationen wie die Deutsche Forschungsgemeinschaft gehören.

Um die Ausgangslage für den Technologietransfer aus der öffentlich geförderten gesundheitsorientierten Grundlagenforschung der Helmholtz-Gemeinschaft zu verstehen, müssen Forschungsergebnisse und Studien aus verschiedenen Disziplinen berücksichtigt werden, die in diesem Kapitel vorgestellt werden. Die Umwelt- bzw. Marktbeziehungen werden im ersten Kapitel über den Zusammenhang von Grundlagenforschung und wirtschaftlichem Wachstum betrachtet (2.1), die Mikroumwelt im Kapitel Innovationsprozesse (2.2) der Technologietransfer im dritten Kapitel (2.3). Auch die Helmholtz-Gemeinschaft wird kurz vorgestellt (Kapitel 2.4).

---

[12] Vgl. EFI (2010, S. 22ff.); Schmoch (2000d, S. 428); Wissenschaftsrat (2007b, S. 78, 87).

[13] Annette Schavan, Bundesministerin für Bildung und Forschung, zitiert in Stifterverband (2007, S. 26f.). Vgl. auch EFI (2010, S. 46ff.); Sabisch (2002, S. 17); Wissenschaftsrat (2007b, S. 7, 29, 73).

2.1 Wissenschaft und wirtschaftliches Wachstum

Eine exzellente Grundlagenforschung trägt wesentlich zur Generierung fundamentaler Innovationen bei, durch die mit größerer Wahrscheinlichkeit Marktneuheiten und höhere Umsatzzahlen erreicht werden.[14] Sie „[...] ist für Unternehmen häufig der entscheidende Erfolgsfaktor für eine erfolgreiche Entwicklung in der Zukunft. Die Zusammenarbeit zwischen Unternehmen und akademischen Forschern sollte in Deutschland gestärkt werden – nicht nur in Hinblick auf die Anwendungen von heute, sondern mehr noch auf die von morgen und übermorgen."[15]

Salter & Martin haben Studien zum Nutzen öffentlich finanzierter Grundlagenforschung evaluiert und kommen zu dem Schluss, dass durch verschiedene direkte und indirekte Effekte ein beachtlicher Nutzen existiert. Dabei ermittelten sie eine Rendite zwischen 20 und 50 %.[16] Insgesamt werden die mit der öffentlichen Forschung verbundenen Kosten durch die positiven wirtschaftlichen Effekte mehr als getragen. Diese Effekte sind umso größer, je intensiver die F&E in einem Land ist: „The free rider approach clearly does not work."[17]

Die Grundlagenforschung führt zu verschiedenen Nutzenkategorien, die je nach Forschungsgebiet unterschiedlich ausgeprägt sein können: Dazu gehören die Vergrößerung des Wissensbestandes, die Aus- und Weiterbildung, die Entwicklung neuer Instrumente und Methoden, der Zugang zu den nationalen und internationalen Experten- und Informationsnetzwerken, die Lösung komplexer Probleme sowie mit Einschränkungen Ausgründungen, die oft nur ein geringes Wachstum und hohe Insolvenzquoten aufweisen.[18]

---

[14] Vgl. Czarnitzki & Rammer (2000, S. 279ff.).

[15] Prof. Dr. Dr. Andreas Barner, Sprecher der Unternehmensleitung Boehringer Ingelheim, zitiert in Stifteverband (2007, S. 33).

[16] Vgl. Salter & Martin (2001, S. 509, 514ff.).

[17] Guellec & van Pottelsberghe (2001, S. 12f). Vgl. dazu auch Salter & Martin (2001, S. 526ff.).

[18] Vgl. dazu die ausführliche Darstellung bei Salter & Martin (2001, S. 520ff.).

Der konkrete Beitrag ist in der Regel schwer zu messen, denn das Anwendungspotenzial wissenschaftlicher Entdeckungen zeigt sich meist indirekt und mit erheblicher Zeitverzögerung. Der Wissenschaftler Harald zur Hausen entdeckte z. B. bereits Anfang der 1980er-Jahre, dass ein Zusammenhang zwischen Infektionen mit Papilloma-Viren und Gebärmutterhalskrebs besteht. Für diese Erkenntnis wurde zur Hausen mit dem Nobelpreis für Medizin 2008 ausgezeichnet. Erst seit 2006 ist ein Impfstoff verfügbar, der zuverlässig und sicher vor einer Infektion mit den wichtigsten humanen Papilloma-Viren bzw. vor Gebärmutterhalskrebs schützt.[19]

Große Forschungszentren wie die der Helmholtz-Gemeinschaft sind ein Anziehungspunkt für internationale Fachleute und Vorreiter, was den Einsatz und die Entwicklung neuer Instrumente und Technologien betrifft. Einmal etabliert, werden diese Verfahren auch von der Industrie verwendet. Zuliefernde Betriebe profitieren zudem von den hohen Anforderungen, die an Forschungsanlagen gestellt werden, da sich langfristig auch die Qualität der eigenen Produkte und Dienstleistungen verbessert. Auf diese Weise können Forschungseinrichtungen eine ganze Region prägen und deren Innovationskompetenz steigern.[20] Regionale Bündnisse („Cluster") haben in der aktuellen Förderpolitik eine entsprechend große Bedeutung, wobei regionale Nähe vor allem für Aspekte der Ausbildung, Unternehmensgründung und Kooperation mit KMU wesentlich ist.[21]

Mit der Hightech-Strategie hat die Bundesregierung eine über Ressortgrenzen koordinierte Strategie zur Förderung von Forschung und Innovation implementiert und die Mittel dafür deutlich erhöht.[22] Insgesamt betragen die gesamtwirtschaftlichen Aufwendungen für Forschung und Entwicklung in Deutschland rund 77 Mrd. Euro (2008), was einem Anteil von 2,6 % am Bruttoinlandsprodukt entspricht (2007: 2,54 %). Über zwei Drittel der Aufwendungen werden dabei

---

[19] Vgl. Deutsches Krebsforschungszentrum (2009).

[20] Vgl. Anonymus (1985, S. 284).

[21] Vgl. Stifterverband (2007, S. 75ff.).

[22] Vgl. BMBF (2006a).

vom Wirtschaftssektor finanziert, knapp ein Drittel von der öffentlichen Hand. Aktuelle Daten deuten darauf hin, dass die F&E-Aufwendungen aufgrund der Wirtschaftskrise zunächst nicht weiter steigen werden.[23]

In den letzten Jahren erhöhten Unternehmen sowohl das Volumen als auch den relativen Anteil ihrer externen F&E-Aufwendungen: von 4,5 Mrd. Euro bzw. 13,4 % im Jahr 1997 auf 11,2 Mrd. Euro bzw. 19,6 % im Jahr 2008. Den größten Anteil davon machten im Jahr 2007 mit 58,8 % Aufträge im privatwirtschaftlichen Bereich aus, während auf die öffentliche Forschung 21,3 % und auf Aufträge an das Ausland 19,9 % entfielen.[24]

Externes Wissen ist heute eine wesentliche Quelle für Wettbewerbsvorteile in schnell wachsenden Industrien und von zentraler Bedeutung für den Innovationserfolg von Unternehmen. Die Nutzung dieses Wissens kann erheblich schneller und kostengünstiger sein als ein interner Kapazitätsaufbau. Zusätzlich besteht die Chance, das Problem aus einer unabhängigen Position mit neuen Ansätzen heraus bearbeiten zu lassen.[25] Treibende Kräfte für den Aufbau strategischer Partnerschaften und die Nutzung von extern generiertem Wissen sind die Konzentration der Unternehmen auf Kernkompetenzen sowie die verringerte Wirtschaftlichkeit der eigenen F&E aufgrund steigender Kosten, zunehmender Spezialisierung und kürzerer Produktlebenszyklen.[26]

Die Stärken des Innovationsstandorts Deutschland liegen vor allem in traditionell starken Feldern. Transferdefizite gibt es in Bereichen, die z. B. durch Spitzentechnologie, hohe F&E-Intensität, bisher nicht etablierte Wissenschaftsdisziplinen, Entrepreneurship oder extrem starken internationalen Wettbewerb gekennzeichnet sind. So werden F&E-Aufwendungen in Bereichen wie Pharma,

---

[23] Vgl. EFI (2010, S. 37); Rammer et al. (2010, S. 5); Wissenschaftsstatistik gGmbH (2010, S. 1ff.).

[24] Vgl. Wissenschaftsstatistik gGmbH (2009, S. 8ff., 31).

[25] Vgl. Cohen & Levinthal (1990, S. 128); Czarnitzki & Rammer (2000, S. 271); Huston & Sakkab (2006, S. 60f.); Prahalad & Hamel (1990, S. 81); Rammer et al. (2000, S. 283); Reinhard (2000a, S. 247); Rigby & Zook (2002, S. 82); Rotering (1990, S. 23).

[26] Vgl. Pleschak (2002, S. 1); Prahalad & Hamel (1990); Reinhard (2001, S. 32).

Kommunikation und Halbleiter von ausländischen Konzernen auf andere Länder konzentriert und es besteht die Gefahr, dass wichtige Geschäftsfelder und damit hochwertige Arbeitsplätze wegbrechen.[27]

In der Pharmaindustrie hat sich die F&E-Struktur seit den 1980er-Jahren mit dem Aufkommen der Biotechnologie stark verändert. Mit der Entdeckung krankheits-assoziierter Gene wurden Ergebnisse mit wirtschaftlichem Potenzial häufig direkt aus der Grundlagenforschung übernommen. Die Absorptionsfähigkeit der Pharmaunternehmen für die komplexen lebenswissenschaftlichen Erkenntnisse war aufgrund der Orientierung an chemischen Prozessen zunächst beschränkt. Eine Besonderheit der Lebenswissenschaften gegenüber anderen Disziplinen sind die klinischen Prüfungen, die auf dem Weg zu einer Marktzulassung bestanden werden müssen. Aus diesem Grund ist die Zeitspanne bis zu einer kommerziellen Anwendung meist sehr lang und die Entwicklungskosten sind sehr hoch. Zunehmend wichtiger wird eine personalisierte Medizin, die neue Anknüpfungs-punkte für Kooperationen mit der pharmazeutischen Industrie bietet.[28]

Die bisher sehr auf Eigenentwicklungen fokussierte Pharmaindustrie öffnet sich zunehmend gegenüber externen Quellen. Denn trotz hoher Investitionen in die eigene F&E mangelt es vielen großen Pharmaunternehmen an aussichtsreichen Produktkandidaten. Zudem setzen viele Unternehmen auf ähnliche Zielstrukturen und Indikationsgebiete. Dieser Me-too-Effekt hat z. B. zu einer großen Produktpalette von Bluthochdruckmedikamenten und zu einer Fokussierung auf onkologische Präparate geführt, während andere Volkskrankheiten vernachlässigt werden.[29]

---

[27] Vgl. EFI (2010, S. 39, 46).

[28] Vgl. Carlsson et al. (2007, S. 35); Levin (2001, S. 109f.); Wissenschaftsrat (2007a, S. 15, 22).

[29] Vgl. Levin (2001, S. 110f.).

2.2 Innovationsprozesse

Innovationen sind technische, soziale oder organisatorische Neuerungen, die zu Wettbewerbsvorteilen führen können und von denen ein nützlicher ökonomischer Effekt ausgeht. Je nach Neuheits- oder Innovationsgrad erstreckt sich die Spannbreite von inkrementellen Innovationen, die lediglich geringfügige Verbesserungen von Produkten, Verfahren oder Dienstleistungen darstellen, bis zu fundamentalen Innovationen wie technischen Durchbrüchen, die neue Märkte definieren und die Wettbewerbssituation verändern können. Erfindungen sind Forschungsergebnisse mit wirtschaftlichem Potenzial, deren ökonomische Nützlichkeit jedoch noch nicht gezeigt wurde.[30]

2.2.1 Innovationsmodelle

Lineare Modelle beschreiben den Innovationsprozess als eine Sequenz aus Grundlagenforschung, angewandter Forschung, prototypischer Entwicklung und Innovation. Als Treiber dieses Prozesses werden je nach Erklärungsmodell entweder die gesellschaftliche Nachfrage oder das Angebot neuer Technologien gesehen. Seit den achtziger Jahren ist bekannt, dass diese Modelle Innovations-prozesse nur unzureichend abbilden und unter anderem die Dynamik vernachlässigen, die Impulse von der Nachfrageseite auf die Forschungsaktivitäten auslösen können. Weiterhin lassen sich in der Realität weder die kategorische Trennung von Grundlagenforschung und anwendungsorientierte Forschung noch die eindeutige Zuordnung eines Ansatzes zu einer Organisation aufrechterhalten: Grundlagenforschung kann wirtschaftlich verwertbar sein und anwendungsorientierte Forschung kann zu grundlegenden Erkenntnissen führen.[31]

---

[30] Vgl. Gerpott (2005, S. 40ff.); Wissenschaftsrat (2007b, S 13f.).

[31] Vgl. dazu Schmoch (2000a, S. 5) und die grundlegenden Werke von Kline (1985) und Stokes (1997).

70

Das Denken in linearen Modellen ist jedoch noch weit verbreitet und hat z. B. mit dazu geführt, dass der Technologietransfer derzeit zu eng auf die Verwertung von Patenten ausgerichtet ist.[32]

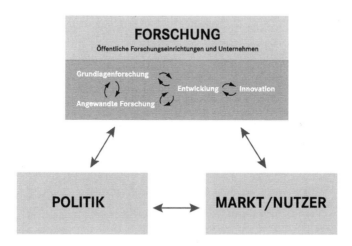

Abbildung 1: Interaktionsmodell des Innovationsprozesses[33]

Nach neueren Ansätzen wie dem Interkationsmodell (Abb. 1) verlaufen die verschiedenen Forschungsarten parallel und in beide Richtungen. Innovations-prozesse sind komplexe evolutionäre und nur begrenzt plan- und steuerbare Vorgänge, in denen Abbrüche und Rückkopplungen die Regel sind. Innovationen entstehen in einem Netzwerk rekursiver Interaktionen zwischen Wissenschaft, Wirtschaft, Politik und Nutzern und können so zu Wettbewerbsvorteilen führen. Die Forschung in öffentlichen und privaten Einrichtungen erfolgt dabei im gesamten Spektrum des Anwendungsbezugs, wenn auch mit unterschiedlicher Gewichtung.[34]

---

[32] Vgl. Wissenschaftsrat (2007b, S. 74f.).

[33] Quelle: Modifiziert nach Wissenschaftsrat (2007b, S. 16) und Schmoch (2000a, S. 7).

[34] Vgl. Schmoch (2000a, S. 6f.); Stifterverband (2007, S. 3); Wissenschaftsrat (2007b, S. 16).

In der Grundlagenforschung besteht eine wesentliche Aufgabe darin, die mehr oder weniger zufälligen Entdeckungen mit Marktpotenzial in eine wirtschaftliche Nutzung zu überführen. Im Innovationsprozess durchlaufen Forschungsergebnisse dazu verschiedene Filter: Den „institutional filter" überwinden Entdeckungen, die über wirtschaftliches Potenzial verfügen und dadurch zu Erfindungen werden. Passieren diese Erfindungen auch den „economic value filter" entsteht IP. Die letzte Hürde vor der Kommerzialisierung durch Lizensierungen oder Ausgründungen bildet der „commercial value filter".[35]

2.2.2 Absorptionsfähigkeit und Innovationskompetenz

Um in neuen Technikgebieten fundamentale Innovationsschritte hervorzubringen, muss Grundlagenwissen genutzt werden. Dazu ist eine hohe Wissenschaftsbindung erforderlich, damit ein Unternehmen den Wert von neuen externen Informationen erkennen, assimilieren und nutzen kann.[36] Diese Fähigkeit wird als Absorptionsfähigkeit bezeichnet und setzt sich aus technologischer und Prozesskompetenz sowie der Innovationskultur zusammen (vgl. Abb. 2). Entgegen weit verbreiteter Annahmen ist externes Wissen, auch wenn es aus der öffentlichen Forschung stammt, für die übernehmende Firma nicht kostenlos, da ein erheblicher interner Aufwand erforderlich ist, um die für die Absorption notwendige Innovationskompetenz sicherzustellen.[37]

Die technologische Kompetenz resultiert aus der Wissensbasis der Mitarbeiter und der unternehmenseigenen F&E. Die F&E erfüllt damit vor allem zwei Aufgaben: Sie generiert Innovationen und entwickelt Absorptionsfähigkeit. Der zweite Aspekt ist vor dem Hintergrund bedeutend, dass nur 1 bis 2 % der Erfindungen den Markt erreichen und Umsätze generieren.[38] Innovationsorien-

---

[35] Vgl. Carlsson et al. (2007, S. 5f., 49).

[36] Vgl. Cohen & Levinthal (1990, S. 128); Reinhard (2001, S. 28ff.); Salter & Martin (2001, S. 512).

[37] Vgl. Cohen & Levinthal (1989, S. 570); Reinhard (2001, S. 33).

[38] Vgl. Carlsson et al. (2007, S. 5); Cohen & Levinthal (1989, S. 569; 1990, S. 135, 148).

tierte Unternehmenskulturen zeichnen sich durch Offenheit, Partizipation, Anreize und Lernbereitschaft aus. Einen großen Einfluss auf die Absorptionsfähigkeit haben auch die Mitarbeiterinnen und Mitarbeiter, die an Schnittstellen zur Außenwelt oder zwischen den verschiedenen Unternehmensbereichen arbeiten.[39]

Nach Reinhard sind Innovationskompetenz und Absorptionsfähigkeit kaum voneinander zu trennen und die Perspektive verschiebt sich von einer ergebnisorientierten zu einer prozessorientierten Betrachtung. Prozesskompetenz beinhaltet die strategische Planung von Erfolgspotenzialen, die Generierung und Selektion von Innovationsideen, die Informationsbeschaffung, die Entscheidung über interne oder externe Technologiebeschaffung, das Management von Innovationsprojekten, das Schaffen von Anreizen und von einer Innovationskultur.[40] Reinhard hält Prozesskompetenz für den entscheidenden Engpass der unternehmerischen Innovationstätigkeit und kritisiert, dass die deutsche Forschungs- und Innovationspolitik bisher primär auf eine Stärkung der technologischen Kompetenz ausgerichtet gewesen sei.[41]

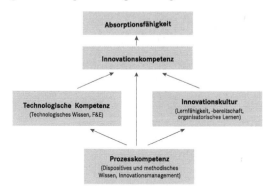

Abbildung 2: Technologische Absorptionsfähigkeit in Unternehmen[42]

---

[39] Vgl. Cohen & Levinthal (1990, S. 132); Gerpott (2005, S. 150ff.); Reinhard (2001, S. 34).

[40] Vgl. Reinhard (2000a, S. 256ff.).

[41] Vgl. Rinhard (2000b, S. 307ff.).

[42] Quelle: Modifiziert nach Ifo Institut für Wirtschaftsforschung, in: Reinhard (2000, S. 257

Mangelnde Absorptionsfähigkeit ist ein Hauptgrund, warum Unternehmen externes Wissen nicht nutzen. Dabei korreliert die Unternehmensgröße positiv mit der Wahrscheinlichkeit von F&E-Kooperationen.[43] Andererseits kann eine hohe F&E-Intensität trotz der größeren Absorptionsfähigkeit negative Effekte auf den Transfer ausüben, da gerade in solchen Unternehmen die F&E-Mitarbeiter von Eigenentwicklungen besonders überzeugt sind und Angst vor einem Know-how-Verlust haben.[44] Sehr niedrig ist die Absorptionsfähigkeit bei KMU, so dass diese stärker auf Vermittler und „Wegweiser" angewiesen sind, um die Transaktionskosten – insbesondere durch den Zeitaufwand der fähigsten Mitarbeiter – zu verringern.[45]

2.2.3 Promotorenkonzept

Dem Transfer von Technologien über die Grenzen von Organisationen hinweg stehen beachtliche Barrieren entgegen, die nach dem Promotorenkonzept mit Hilfe von bestimmten Organisationsmitgliedern überwunden werden können (vgl. Tab. 1). Die unterschiedlichen Promotoren-Rollen können sowohl in einer Person akkumuliert als auch auf mehrere Personen verteilt sein. Gemünden & Walter erweiterten die vorwiegend intra-organisationale Perspektive der Innovationsforschung und legten mit dem Beziehungspromotor ein normatives Modell zur Anbahnung, Gestaltung und Pflege von technologieorientierten Außenbeziehungen vor.[46]

---

[43] Vgl. Czarnitzki & Rammer (2000, S. 272ff.); Rammer et al. (2000, S. 283).

[44] Vgl. Walter (2003, S. 231).

[45] Vgl. Stifterverband (2007, S. 73).

[46] Vgl. Gemünden & Walter (1995, 1996); Walter (1998).

Innovatoren-Rolle	Typische Barrieren im Innovationsprozess	Machtquellen	Typische Leistungsbeiträge
Fach-promotor	Fähigkeitsbarrieren (Nicht-Wissen)	Expertenkompe-tenz, objektspezifi-sches Fachwissen	Problemlösung, Konzeptevaluie-rung, Informationsbereitstellung, Initiierung von Lernprozessen
Macht-promotor	Willens- und Hierarchiebarrieren (Nicht-Wollen)	Position in der Hierarchie	Zieldefinition, Ressourcenbereit-stellung, Gewährung von Anreizen, Schutz vor Opponenten, Prozesssteuerung
Prozess-promotor	Intra-organisationale fachübergreifen-de Fähigkeits- und Abhängigkeitsbar-rieren (Nicht-Dürfen)	Kenntnis der Organisation, Kommunikations-fähigkeit	Zusammenführung, Vermittlung, Konfliktmanagement, zielgerichtete Kommunikation, Prozesssteuerung, Koordination
Beziehungs-promotor	Inter-organisationale fachübergreifen-de Fähigkeits- und Abhängigkeitsbar-rieren (Nicht-Voneinander-Wissen, Nicht-Miteinander-Dürfen, Nicht-Miteinander-Können, Nicht-Miteinander-Wollen)	Sozialkompetenz, Netzwerkwissen, Beziehungsportfolio	Informationsaustausch, Finden und Zusammenbringen von Partnern, Koordination, Planung und Steuerung von Austauschprozes-sen, Konfliktmanagement

Tabelle 1: Auswertungen für eine Portfolio-Analyse der strategischen Geschäftsfelder[47]

Danach tragen Beziehungspromotoren wesentlich zum Gelingen von Koopera-tionen mit externen, autonomen Partnern bei, indem sie Initiierungs-, Ent-wicklungs-, Verwertungs- und Organisationsprozesse fördern und Risiken begrenzen. Dazu suchen und identifizieren sie geeignete Transferpartner, beurteilen deren Ressourcenbasis, Bedürfnisse und Kooperationsbereitschaft und bringen Macht- und Fachpromotoren beider Seiten zusammen, um sie für eine Kooperation zu gewinnen. Sie verschaffen sich Zugang zu kritischen Informatio-nen, die sie an die richtigen Adressen weiterleiten. Dadurch aktivieren sie einen gegenseitigen Dialog und überbrücken interkulturelle, fachliche, zwischen-menschliche und sprachliche Distanzen. Um diese Aufgaben in vollem Umfang

---

[47] Quelle: modifiziert nach Gmünden & Hölzle (2009) und Walter (1998, S. 61-129)

zu erfüllen, sind Beziehungspromotoren auf andere Promotoren angewiesen, deren Kräfte sie aktivieren, übertragen und synchronisieren.[48]

Im Gegensatz zu den Promotoren ist der „Gatekeeper"[49] keine Schlüsselperson für inter-organisationale Innovationsprozesse, sondern überwacht vor allem das Unternehmensumfeld und transportiert relevante Informationen nach innen.[50]

2.3 Technologietransfer

In Theorie und Praxis wird der Technologietransfer als ein komplexer Prozess beschrieben, der aus ganz unterschiedlichen Transferformen besteht, die sich ergänzen und parallel verlaufen. Beispiele sind formelle und informelle Kooperationen, strategische Allianzen, An-Institute und gemeinsame Forschungseinrichtungen, Stiftungsprofessuren und Wissenschaftssponsoring, Cluster, Gutachten und Beratungsleistungen, die Einstellung von Mitarbeitern, Personalaustausch sowie die Aus- und Weiterbildung.[51] Ausgründungen gelten als wesentliches Element der Innovationskultur und erfahren eine besonders große Aufmerksamkeit, da sie nicht nur Forschungsergebnisse kommerzialisieren, sondern gleichzeitig den Strukturwandel zu einer wissenschaftsbasierten Wirtschaft fördern und neue Arbeitsplätze schaffen.[52] Trotz vielfältiger Förder- und Unterstützungsangebote ist Deutschland jedoch ein schwacher Gründungsstandort. Wesentliche Gründe sind der Mangel an Risikokapital, die schwach ausgeprägte Gründermentalität und bürokratische Hürden.[53]

---

[48] Vgl. Gemünden & Walter (1995, S. 977ff.); Gemünden & Walter (1996, S. 239ff.).

[49] Der Begriff geht auf Lewin (1947) zurück, der die Rolle der Hausfrau im Prozess der Nahrungsbeschaffung und -verarbeitung der Familie untersuchte. Auf seiner Arbeit baut die Gatekeeper-Forschung auf, die untersucht, warum bestimmte Nachrichten selektiert werden und andere nicht.

[50] Vgl. Cohen & Levinthal (1990, S. 132); Gemünden & Walter (1995, S. 927f.); Graf & Krüger (2009, S. 5).

[51] Vgl. Schmoch (2000a, S. 8), der 27 Transferformen nennt, und Wissenschaftsrat (2007b, S. 34-52).

[52] Vgl. Konrad & Truffer (2006); Stifterverband (2007, S 85); Wissenschaftsrat (2007b, S. 43ff.).

[53] Vgl. Stifterverband (2007, S. 84ff.); Wissenschaftsrat (2007b, S. 32ff.).

Nach Erkenntnissen der Wissenstheorie erfordert das Verständnis und die Anwendung einer Technologie immer auch personengebundenes Wissen oder „tacit knowledge".[54] Dieses Wissen definiert Rosenberg als „knowledge of techniques, methods and designs that work in certain ways and with certain consequences, even when one cannot explain exactly why."[55] Solches Erfahrungswissen kann nicht durch Verträge, Publikationen oder Dateien übertragen werden, sondern nur durch persönliche Interaktionen mit den Experten. Daher sind Transferformen besonders wirksam, die einen direkten und wechselseitigen Kontakt zwischen Transfer-Geber und -Nehmer beinhalten.[56]

2.3.1 Kooperative Transferformen

Durch Kooperationen erhalten Unternehmen bei geringem Risiko Zugriff auf neueste Forschungsergebnisse und Problemlösungsansätze sowie die für die Generierung fundamentaler Innovationen notwendige Expertise in der Grundlagenforschung. Forschungseinrichtungen dagegen erfüllen ihre Transferaufgabe und profitieren gleichzeitig z. B. von der Profilbildung, neuen Finanzierungsquellen und dem Praxisbezug. Der Stifterverband sieht im Innovationsfaktor Kooperation sogar einen zentralen Ansatz, um die internationale Wettbewerbsfähigkeit Deutschlands zu stärken.[57] Je nach strategischer Bedeutung können Partnerschaften unterschiedlicher Entwicklungsstufen unterschieden werden: Einfache oder komplexe Projekte, gemeinsame Aktivitäten, Partnerschaften und strategische Allianzen. Mit jeder Entwicklungsstufe steigt die Bedeutung von Vertrauen und Commitment.[58]

Strategische Allianzen sind exklusive Partnerschaften, die einen Rahmen für vielfältige Transferformen bieten. Im Gegensatz zur Auftragsforschung sind

---

[54] Vgl. Nonaka & Takeuchi (1995, S. 8f.); Senker (1995).

[55] Rosenberg (1982, S. 143).

[56] Vgl. Schmoch (2000a, S. 10); Senker (1995, S. 428). Publikationen geben jedoch Hinweise auf die Existenz von „tacit knowledge", vgl. Salter & Martin (2001, S. 521).

[57] Vgl. Stifterverband (2007, S. 5, 24, 32ff.).

[58] Vgl. Baaken (2009, S. 46).

strategische Allianzen mittel- bis langfristig angelegt und können zum Aufbau gemeinsamer Forschungsschwerpunkte führen. Sie tragen zum Kompetenzaufbau bei und beschleunigen Innovationsprozesse. Solche Partnerschaften zeichnen sich weiterhin durch eine kontinuierliche Interaktion, Transparenz, gemeinsame Finanzierung und Nutzung von Infrastrukturen aus.[59]

Informelle Beziehungen umfassen Formen des Wissensaustauschs ohne einen vertraglichen Rahmen. Auch auf der Grundlage von Vertrauen und persönlichen Kontakten können dauerhafte Netzwerke entstehen, die Ausgangspunkt für andere Transferformen sein können. Positive Impulse für erfolgreiche Kooperationen können auch ehemalige Mitarbeiter geben, die von der Wissenschaft in der Wirtschaft wechselten.[60]

Andere Faktoren können dazu führen, dass externes Wissen abgelehnt und Transferprozesse gehemmt werden. Charakteristisch ist z. B. eine stereotype Hol- und Bringschuld-Diskussion, nach der die Wissenschaft zu wenig brauchbare Ergebnisse hervorbringe und die Wirtschaft zu risikoscheu sei. Die verschiedenen Barrieren und Hemmnisse werden in Kapitel 4 analysiert, da sich aus der Analyse die kritischen Erfolgsfaktoren und damit auch die erforderlichen Handlungsoptionen ableiten lassen.

Die Hemmnisse auf Wirtschaftsseite betreffen KMU stärker als Großunternehmen, da letztere auf die Netzwerke ihrer Mitarbeiter in der eigenen F&E zugreifen können und über eine größere Absorptionsfähigkeit verfügen. KMU arbeiten vor allem mit Hochschulen zusammen, während Großunternehmen sowohl mit Universitäten als auch außeruniversitären Forschungseinrichtungen kooperieren.[61] Gerade KMU haben nur einen unzureichenden Überblick über die deutsche Forschungslandschaft, so dass die Zusammenarbeit mit der Wissenschaft vor allem auf Alumni- und Regionaleffekten begründet ist. Aber auch in

---

[59] Vgl. Stifterverband (2007, S. 35, 49); Wissenschaftsrat (2007b, S. 92ff.). Für die Bereiche Medizintechnik und Arzneimittelforschung hat der Wissenschaftsrat (2007a) Empfehlungen formuliert.

[60] Vgl. Bierhals & Schmoch (2000, S. 85f.); Stifterverband (2007, S. 18, 92ff.).

[61] Vgl. Reinhard (2000a, S. 245f.). Die häufigsten Kooperationsformen von KMUs und Hochschulen sind Diplomarbeiten sowie Forschungs- und Beratungsaufträge, vgl. dazu Reinhard (2000b, S. 286f.).

größeren Unternehmen entstehen viele Kooperationen auf der Grundlage zufälliger Begegnungen mit externen Wissenschaftlern.[62]

2.3.2 Leistungsindikatoren und Patente

Die vielen indirekten Effekte auf das Innovationsgeschehen zeigen, wie schwierig die Erfolgsmessung im Technologietransfer ist. Zudem fehlt es an anerkannten quantitativen und qualitativen Indikatoren sowie einem Evaluations-konzept für die Prozesse und Wirkungen der unterschiedlichen Transferformen.[63] Häufig wird daher auf die leicht erfassbare Zahl der Patente oder Patentanmel-dungen zurückgegriffen.[64]

Patente garantieren jedoch keineswegs eine produktive Verwertung, sondern werden auch taktisch eingesetzt. Manche Unternehmungen produzieren z. B. sehr viele Patentanmeldungen – darunter auch viele Trivialpatente – um sich als Innovatoren zu präsentieren. Eine andere Strategie ist die Zerstückelung von Patenten, um Rückschlüsse der Konkurrenz auf das Endprodukt zu verhindern. Dadurch entstehen große Patentfamilien, die aus 30 oder mehr Einzelpatenten bestehen. Sperrpatente schließlich sollen verhindern, dass ähnliche Produkte auf den Markt kommen, während Technologieblockaden Innovationen verhindern, in dem viel versprechende Technologien übernommen und eingefroren werden, damit Konkurrenten diese nicht einsetzen können.[65]

Trotz der hohen Kosten können sich auch für die öffentlich finanzierte Forschung solche Strategien lohnen, z.B. wenn sich viele Patentanmeldungen positiv auf

---

[62] Vgl. Reinhard (2000b, S. 291); Wissenschaftsrat (2007b, S. 53).

[63] Czarnitzki et al. (2001, S. 48) schlagen vor, dass aufgrund der Heterogenität der beteiligten Akteure, der vielfältigen Aufgaben und der indirekten Einflüsse Indikatoren für guten Technologietransfer in einem übergreifenden Dialog entwickelt werden sollten. Dazu bedarf es der Anstrengung großer internationaler Verbände wie der Association ofEuropean Science & Technology Transfer Professionals (www.astp.net) oder der Association of University Technology Managers (www.autm.org).

[64] Vgl. BMBF (2006b, S. 406, 418); EFI (2010, S. 45, 88ff.).

[65] Vgl. Dosi et al. (2006, S. 1114f.); Froitzheim (2009); Nelson (2006, S. 906ff.); Walter (2003, S. 230).

Evaluationen und damit auf öffentliche Zuwendungen auswirken.[66] Fehlanreize wie diese haben insbesondere in den 90er Jahren dazu geführt, dass sehr viele Erfindungen unabhängig von ihrem Verwertungspotenzial zum Patent angemeldet wurden, um eine hohe Anwendungsnähe zu dokumentieren.[67] Insgesamt sorgen intensive Patentierungsaktivitäten nicht per se für mehr Innovation und Wachstum.[68] Als Leistungsindikator für Innovation und erfolgreichen Transfer sind daher aus Patentierungsaktivitäten abgeleitete Kennzahlen wenig geeignet.

Um Technologietransfer angemessen bewerten zu können, muss das Transferergebnis betrachtet werden. In der einfachsten Form wird lediglich erfasst, ob ein Transfer erfolgt ist oder nicht. Allerdings bleibt dadurch die Qualität des Transfers unberücksichtigt. Besser geeignet sind daher Verfahren, die das Transferereignis über den späteren Markterfolg und die erzielten Einnahmen bewerten. Sehr anspruchsvoll ist der Versuch, auch die indirekten Auswirkungen des Technologietransfers auf die ökonomische Entwicklung eines Landes zu schätzen, denn in eine solche Betrachtung müssen eine Vielzahl von Aspekten einbezogen werden, z.b. der Transfer von Humankapital und die wirtschaftlichen Effekte der Nachfrage nach neuen Technologien und Geräten wie Teilchenbeschleunigern.[69]

Sind vorhandene Patente der Auslöser bzw. notwendige Voraussetzung einer Kooperation, so kommt ein Verkauf von IP-Rechten oder eine exklusive oder nicht exklusive Lizenzierung in Frage, die entweder mit einer einmaligen Pauschale oder wiederkehrenden Royalties vergütet wird. Allerdings erzielen nur wenige Einrichtungen tatsächlich über ihre Patente signifikante Einnahmen und ein Großteil der Rückflüsse ist auf wenige Mega-Lizenzen zurückzuführen. Der Wissenschaftsrat rät daher zu zurückhaltenden Erwartungen an das Einnahmevo-

---

[66] Vgl. BMBF (2006b, S. 406), z.B. Ländervergleich nach der Kennzahl Patentintensität (Patentanmeldungen pro 100.000 Einwohner); Stifterverband (2010, S. 18ff.), Ländervergleich nach der Kennzahl F&E-Erfolg, in die Patentanmeldungen zu 50 % einfließen.

[67] Vgl. Schmoch (2000b, S. 29); Schmoch (2004, S. 17).

[68] Vgl. Dosi et al. (2006, S. 1119); EFI (2010, S. 14).

[69] Vgl. dazu insbesondere die Arbeit von Salter & Martin (2001).

lumen aus der Patentverwertung und zu einer stärkeren Berücksichtigung indirekter Effekte.[70] So betrugen die Lizenzeinnahmen im Jahr 2008 bei der anwendungsorientierten Fraunhofer-Gesellschaft zwar beachtliche 83 Mio. Euro. Dies entspricht jedoch nur 5,9 % des Gesamtfinanzvolumens und davon macht die MP3-Technologie einen erheblichen Anteil aus.[71]

2.3.3 Transfereinrichtungen

Bis in die 1970er Jahre fand Technologietransfer nur über direkte Kontakte zwischen Wissenschaftlern und Wirtschaftsvertretern statt. Um die Innovations-fähigkeit der deutschen Wirtschaft zu steigern und das Potenzial der öffentlichen Forschung für eine kommerzielle Verwertung zu erschließen, wurden dann bis Ende der 1980er Jahre in allen Bundesländern Transferstellen eingerichtet. Seitdem hat die Zahl der Akteure im Technologietransfer stark zugenommen: Mittlerweile beschäftigen sich in Deutschland über 2000 öffentliche und private Einrichtungen schwerpunktmäßig mit dem Transfer zwischen Wissenschaft und Wirtschaft.[72]

Neben den Transferstellen der Hochschulen und Forschungseinrichtungen gibt es noch eine Reihe weiterer Transfereinrichtungen. Dazu gehören z. B. die privatrechtlich organisierten Patentverwertungsagenturen, die Innovation Relay Centres der EU, die technologischen Beratungsstellen von Industrie- und Handelskammern, die Arbeitsgemeinschaft industrieller Forschungsvereinigun-gen, Transfer-Netzwerke, Gründerzentren oder die über 700 Steinbeis-Zentren an Fachhochschulen.[73] Ebenso so vielgestaltig ist die Förderlandschaft auf Bund-, Länder- und EU-Ebene. Die verschiedenen Programme zur Förderung des Technologietransfers ergänzen sich jedoch nicht in ihrer Zielsetzung, sind zum Teil zu bürokratisch und die Ausschreibungsbedingungen schränken die

---

[70] Vgl. Wissenschaftsrat (2007b, S. 74f.).

[71] Vgl. Fraunhofer-Gesellschaft (2009, S. 20, 30).

[72] Vgl. Czarnitzki et al. (2001, S. 43).

[73] Vgl. Stifterverband (2007, S. 100); Wissenschaftsrat (2007b, S. 52ff.).

Verwendung der Gelder stark ein.[74] Um diese Koordinierungsprobleme zu verbessern, sollen mit der Hightech-Strategie der Bundesregierung wesentliche Aktivitäten in einer übergreifenden Konzeption zusammengefasst werden.[75] Transferstellen verstehen sich meist als Generalisten, die ein breites Spektrum wirtschaftlicher, wissenschaftlicher und juristischer Aufgaben bearbeiten: Sie sollen nicht nur Erfindungen auf ihre kommerzielle Nutzung prüfen, schützen und einer Verwertung zuführen, sondern z. B. auch Informationsdefizite beseitigen und das Leistungsangebot präsentieren, Wissenschaftler und Unternehmen beraten, den Markt und den Stand der Forschung beobachten, anstehende Publikationen auf Verwertungspotenzial prüfen, Wissenschaftler für die Zusammenarbeit mit der Wirtschaft motivieren und qualifizieren, Transaktionskosten reduzieren, transferorientierte Projekte initialisieren sowie eine vertrauensvolle Beziehung zwischen Wissenschaftlern und Unternehmen gestalten.[76]

Der Nutzen von Transferstellen und Patentverwertungsagenturen wird sowohl von der Wirtschaft als auch von der Wissenschaft kritisch beurteilt. Viele Transfereinrichtungen sind durch eine unklare Leistungspositionierung, ein breites Leistungsangebot, eine mangelnde Nachfrage-, Wettbewerbs- und Kundenorientierung sowie ein Missverhältnis von Ressourcen und Kompetenzen zu den erwarteten Aufgaben charakterisiert. Oft handelt es sich zudem um kleine Einheiten, die teilweise nur mit einem Mitarbeiter oder unerfahrenem Personal besetzt sind.[77]

Viele Transferstellen arbeiten nach einem Konzept, das auf Technologien fokussiert ist und sich nicht am Nutzen der Expertise für Innovationsprozesse in

---

[74] Vgl. EFI (2010, S. 47ff.); Stifterverband (2007, S. 14f., 69ff.); Wissenschaftsrat (2007b, S. 59-68). Einen aktuellen Überblick gibt die Förderdatenbank (www.foerderdatonbank.de

[75] Vgl. EFI (2010, S. 48) und zur Hightech-Strategie BMBF (2006a).

[76] Vgl. Czarnitzki et al. (2000, S. 319ff.; 2001, S. 44); Wissenschaftsrat (2007b, S. 79).

[77] Vgl. Czarnitzki et al. (2000, S. 353ff.; 2001, S. 45f.); Pleschak (2002, S. 12); Stifterverband (2007, S. 21, 101 ff.); Wissenschaftsrat (2007b, S. 79f.).

Unternehmen orientiert.[78] Verstärkt wurde diese Ausrichtung durch eine Innovationspolitik des „technology push", die die Entwicklung neuer Technologien als Selbstzweck ansah und gleichzeitig wichtige Faktoren wie Marketing und Netzwerkmanagement vernachlässigte – mit der Konsequenz, dass „Deutschland zu den Erfindungsweltmeistern zählt, bei der Kommerzialisierung der Forschungsergebnisse jedoch bestenfalls Mittelmaß darstellt."[79] Nicht bewährt haben sich daher aus diesem Grund große Technologiedatenbanken im Internet. Der Aufwand für Aufbau und Pflege ist sehr hoch und gleichzeitig veraltet das Angebot sehr schnell.[80]

Der Stifterverband hat verschiedene Erfolgsfaktoren für Transferstellen identifiziert: Sie dürfen nicht dem Erwartungsdruck ausgesetzt werden, durch Lizenzerlöse kostendeckend zu arbeiten. Technologietransfer ist eine Aufgabe, die für die gesamte Volkswirtschaft sinnvoll ist, aber nur selten zur Aufbesserung des Haushaltes führt. Hohe Gewinnerwartungen sind unrealistisch und sogar kontraproduktiv, denn sie führen dazu, dass für die Akteure statt übergeordneter Interessen vor allem das eigene Überleben im Vordergrund steht. Die Mitarbeiter im Technologietransfer müssen über eine ausgeprägte Dienstleistungsmentalität verfügen, deren Erfolgsmaßstäbe Vertrauen und Zufriedenheit ihrer Kunden sind. Die Transferstelle soll direkt unter der obersten Leitungsebene angesiedelt sein, um das Bewusstsein zu fördern, dass Technologietransfer eine wichtige Aufgabe ist. Das Personal muss zudem dialogfähig bezüglich wirtschaftlicher und wissenschaftlicher Sachverhalte sein und die eigene Leistungsfähigkeit und Problemlösungskapazitäten realistisch einschätzen können. Kritisch auf die Leistungsfähigkeit wirken sich auch häufige Personalveränderungen aus.[81]

---

[78] Vgl. Stifterverband (2007, S. 103).

[79] Walter (1998, S. 306).

[80] Vgl. Stifterverband (2007, S. 72) und persönliche Erfahrungen.

[81] Vgl. Stifterverband (2007, S. 20, 103ff.).

Weiterhin hat sich die Vorstellung als falsch erwiesen, dass sich die Forschungs-einrichtungen durch die Einrichtung externer Stellen aus dem Transfer heraushalten können.[82]

Vor dem Hintergrund der geschilderten Faktoren müssen sich die Transferein-richtungen auf strategische Geschäftsfelder und einzelne Leistungsbereiche fokussieren, die mit den vorhandenen Kompetenzen und Ressourcen tatsächlich realisiert werden können. Gleichzeitig müssen sie trotz des hohen Profilierungs-drucks enger kooperieren. Licht et al. empfehlen eine Fokussierung auf bestimmte Rollen, die vor allem den direkten Transfer unterstützen:[83]

- ***Promotoren*** haben ihre Kernkompetenz vor allem im Beziehungsmana-gement. Dazu gehören z. B. die Initiierung und Pflege von Kontakten, die zielgruppenorientierte Ansprache von Wissenschaft und Wirtschaft oder die Organisation von Informationsveranstaltungen.

- ***Supporter*** bieten rechtliche, administrative oder organisatorische Dienst-leistungen an, z. B. Unterstützung beim Abschluss und Monitoring von Verträgen, begleitende PR oder Beratung über Fördermöglichkeiten.

- ***Verwerter*** sind meist privatwirtschaftlich organisierte Einrichtungen zur kommerziellen Verwertung der wissenschaftlichen Ergebnisse z. B. durch Lizenzierung und Ausgründungen. Um trotz des erforderlichen spezifi-schen Kompetenzaufbaus und der teilweise geringen Nachfragedichte wirtschaftlich zu operieren, müssen die Verwerter ihre Leistungen einrich-tungsübergreifend anbieten und fachliche Schwerpunkte setzen.[84]

---

[82] Vgl. Czarnitzki et al. (2001, S. 46); Pleschak (2002, S. 10f.); Schmoch (2000d, S. 426).

[83] Vgl. Licht et al. (2000, S. 411ff.). Die hier beschriebenen Funktionen können nur erfüllt werden, wenn sie durch entsprechende Rahmenbedingungen und Anreizsysteme auf Seiten der Wissenschaft und Unter-nehmen gestützt werden.

[84] Vgl. auch Wissenschaftsrat (2007b, S. 81ff.).

2.4 Helmholtz-Gemeinschaft

In ihrer Mission bekennt sich die Helmholtz-Gemeinschaft zum Transfer ihrer Forschungsergebnisse. Die Gemeinschaft ist mit fast 30.000 Mitarbeiterinnen und Mitarbeitern und einem Jahresbudget von rund 3,0 Mrd. Euro die größte Wissenschaftsorganisation Deutschlands. Davon stammen 2,1 Mrd. Euro aus institutionellen Zuwendungen und 0,9 Mrd. Euro aus Drittmitteln, die überwiegend aus öffentlichen Quellen und zu einem geringeren Teil aus der Industrie eingeworben wurden. Im Jahr 2008 wurden 370 Patente erteilt und 434 Lizenzverträge abgeschlossen. Die Lizenzerträge betrugen 2008 15 Mio. Euro bzw. 0,6 % des Jahresbudgets und in den letzten vier Jahren wurden 39 Unternehmen ausgegründet.[85]

Zur Helmholtz-Gemeinschaft gehören 16 naturwissenschaftlich-technische und medizinisch-biologische Forschungszentren, die ihre Ressourcen zur Erforschung komplexer Fragen von gesellschaftlicher, wissenschaftlicher und wirtschaftlicher Relevanz in sechs Forschungsbereichen bündeln: Energie, Erde und Umwelt, Gesundheit, Schlüsseltechnologien, Struktur der Materie sowie Luftfahrt, Raumfahrt und Verkehr. Die übergreifenden Aktivitäten werden von einer Geschäftsstelle koordiniert. Die Gemeinschaft betreibt eine nutzenorientierte Grundlagenforschung, die durch eine langfristige Orientierung und eine wissenschaftliche Infrastruktur mit zum Teil weltweit einzigartigen Großgeräten charakterisiert ist.[86]

Die einzelnen Helmholtz-Zentren sind rechtlich selbstständige Einrichtungen, die in zentrenübergreifenden Forschungsprogrammen zusammenarbeiten. Das institutionelle Budget der Zentren wird zu 90 % vom Bund und zu 10 % vom jeweiligen Bundesland finanziert. Die Höhe der Finanzierung wird durch das wettbewerbliche Verfahren der Programmorientierten Förderung bestimmt, das die zurzeit 28 Forschungsprogramme alle fünf Jahre nach den Kriterien wissenschaftliche Exzellenz und strategische Relevanz evaluiert. Ein For-

---

[85] Vgl. Helmholtz-Gemeinschaft (2009a, S. 96ff.).

[86] Vgl. Helmholtz-Gemeinschaft (2009b).

schungsprogramm setzt sich aus mehreren Topics zusammen, die wiederum aus Forschungsprojekten bestehen. Im Rahmen dieser Arbeit bilden die Forschungsprojekte den Ausgangspunkt für die Technologietransferaktivitäten. Aus einem Forschungsprojekt können verschiedene Erfindungen stammen. Wenn sich diese Erfindungen auf sehr verschiedene Anwendungsfelder erstrecken, empfiehlt sich für Betrachtungen zum Technologietransfer eine Aufteilung in Unterprojekte.

Insgesamt entspricht die Situation im Technologietransfer der deutschen Gesamtsituation. Der Transfer ist auf Ebene der Zentren organisiert, wobei einige Zentren wie das Deutsche Krebsforschungszentrum große Transfer-Abteilungen aufgebaut haben, während andere wie das Max-Delbrück-Centrum für Molekulare Medizin nur über minimale eigene Kompetenzen verfügen. Im Jahr 2001 haben einige Helmholtz-Zentren im Gesundheitsbereich die Life-Science-Stiftung gegründet, die alleinige Gesellschafterin der privatwirtschaftlich organisierten Ascenion GmbH ist. Diese fachlich auf die Lebenswissenschaften spezialisierte Agentur übernimmt für mehrere Zentren exklusiv die Erfindungsverwertung. Die Erlöse fließen zunächst an die Stiftung und werden dann anteilig im Rahmen von Forschungsprojekten an die jeweilige Forschungseinrichtung weitergeleitet. Zu den Partnern von Ascenion gehören neben mehreren Helmholtz-Zentren zehn Institute der Leibniz-Gemeinschaft und die Medizinische Hochschule Hannover. Eine enge Anbindung an die Zentren stellt die Agentur durch vor Ort arbeitende Technologie-Scouts sicher.[87] Um das Transferpotenzial in Zukunft besser auszuschöpfen, hat die Helmholtz-Gemeinschaft beschlossen, einen Validierungsfonds zur Wertsteigerung von Erfindungen sowie Supportfunktionen zur Erfindungsberatung und Ausgründungsunterstützung einzurichten.[88]

---

[87] Weitere Information unter www.ascenion.de

[88] Unveröffentlichtes Konzept zum Technologietransfer, das von der Helmholtz- Mitgliederversammlung am 24.03.2010 beschlossen wurde.

3 Strategisches Marketing

Das im Rahmen dieser Arbeit entwickelte Marketing-Konzept basiert auf dem ganzheitlichen St. Galler Management-Modell, das von Ulrich entwickelt und später von Bleicher und Rüegg-Stürm erweitert wurde. Das Modell verbindet die Steuerung einer Organisation auf Grundlage der eigenen Fähigkeiten (Inside-out-Perspektive) und des Marktgeschehens (Outside-In-Perspektive).[89]

Die American Marketing Association definiert Marketing als „[…] organizational function and a set of processes for creating, communicating and delivering value to customers and for managing customer relationships in ways that benefit the organization and its stakeholders."[90] Marketing ist danach ein systematischer Entscheidungs- und Gestaltungsprozess, der die Berücksichtigung von Kundenbedürfnissen bei allen marktgerichteten Unternehmensaktivitäten sicherstellt. Damit gestaltet das Marketing alle kommerziellen und nicht-kommerziellen Austauschprozesse, bei denen zwei Parteien ihre Bedürfnisse zu befriedigen versuchen. Wesentlich ist das Verständnis von Marketing als kundenorientierte Führungsphilosophie und als Unternehmensfunktion, die alle Aufgaben und Prozesse steuert, die einen Kundennutzen generieren und sich an den Zielen der Organisation sowie ihrer Anspruchsgruppen orientiert.[91]

Relationship-Marketing ist ein „integrated effort to identify, maintain, and build up a network with individual consumers and to continuously strengthen the network for the mutual benefit of both sides, through interactive, individualized and value-added contacts over a longer period of time."[92] Die Verantwortung für die Kundenbeziehungen muss dabei auf die gesamte Unternehmensorganisation übertragen werden, denn der Aufbau von Vertrauen als Grundvoraussetzung jeder dauerhaften Beziehung kann nur dann erreicht werden, wenn sich alle

---

[89] Vgl. Abegglen (o.J.); Bleicher (2004); Rüegg-Stürm (2003); Ulrich & Krieg (1974).

[90] Definition der American Marketing Association von 2004, zitiert in Meffert et al. (2008, S. 12).

[91] Vgl. Meffert et al. (2008, S. 13ff.).

[92] VglShani & Chalasani (1992, S. 34).

Mitarbeiter der Kundenorientierung verpflichtet fühlen.[93] Diese Beziehungs- und Netzwerkorientierung ist von großer Bedeutung für einen erfolgreichen Technologietransfer und ist daher elementarer Bestandteil des hier zu Grunde liegenden Marketingverständnisses.

Auch in der Wissenschaft trägt eine starke Marke dazu bei, Erfolgschancen zu verbessern und strategische Ziele zu erreichen. Dazu gehört insbesondere die Steigerung von Bekanntheit und Reputation, die Positionierung im internationalen Wettbewerb um die besten Köpfe und Fördermittel sowie die Bildung einer Qualitätsmarke, die verlässliche Rahmenbedingungen sichert.[94]

Im Rahmen dieser Arbeit liegt der Schwerpunkt auf Maßnahmen, um aktuelle und zukünftige Erfindungen zu vermarkten. Ein wesentlicher Unterschied zum Marketing in Unternehmen ist die Marktausrichtung: Zwar muss sich der Technologietransfer konsequent an den Bedürfnissen seiner Kunden ausrichten, aber die Nachfrage darf nicht zum Ausgangspunkt der Grundlagenforschung werden. Denn diese hat andere Aufgaben und eine solche Ausrichtung würde nur einen kurzfristigen Nutzen schaffen.[95]

Für ein Technologietransfermarketing können wesentliche Elemente aus dem Investitionsgütermarketing adaptiert werden, da ebenfalls stark erklärungsbedürftige Produkte vermarktet werden und sich das Angebot nicht an Endkunden, sondern andere Unternehmungen richtet (Business-to-Business). Besonderheiten auf Nachfragerseite sind z. B. komplexe Kaufprozesse mit Mehrpersonenentscheidungen, Beschaffungsprozesse über einen längeren Zeitraum sowie ein umfangreicher Problemlösungsbedarf. Merkmale auf Anbieterseite sind z. B. wenige, bekannte Nachfrager, eine herausragende Bedeutung des persönlichen Verkaufs und ein hoher Individualisierungsgrad. Zudem werden Problemlösungen häufig in einem interaktiven Prozess entwickelt und können zu dauerhaften

---

[93] Vgl. Meffert et al. (2008, S. 43, 60).

[94] Vgl. Gazlig (2008), S. 3f.

[95] Vgl. dazu die Ausführungen in Kapitel 2

Geschäftsbeziehungen führen.[96] Für die Tätigkeit der Transferstellen sind darüber hinaus noch Aspekte aus dem Dienstleistungsmarketing relevant, so dass diese Arbeit verschiedene Marketing-Ansätze zusammenführt.

Das Wissenschaftsmarketing kann den Technologietransfer nicht nur wirkungsvoll unterstützen, sondern muss zu einer Kernfunktion des Technologietransfers werden, damit dieser die zukünftigen Herausforderungen erfolgreich bewältigen kann. Im Rahmen dieser Arbeit werden dazu Werkzeuge wie Portfolio-Analysen, strategische Positionierung, Key-Account-Management und das Service Design eingesetzt, die hier kurz vorgestellt werden. Für darüber hinaus gehende Fragestellungen sei auf die umfangreiche Marketing-Literatur verwiesen.

3.1 Portfolio-Analyse

Die Portfolio-Analyse ist ein weit verbreitetes Konzept des strategischen Managements und wird im Rahmen dieser Arbeit eingesetzt, um Forschungsprojekte mit wirtschaftlichem Potenzial und dazu passende potenzielle Kunden zu identifizieren, zu strukturieren und zu visualisieren. Portfolios ersetzen daher keine Marktstudien, sondern unterstützen die bereichsübergreifende Diskussion und geben dem Management Hinweise auf strategische Optionen. Dazu werden die Forschungsprojekte bzw. Kunden in einer zweidimensionalen Matrix positioniert, die in gleich große Felder aufgeteilt ist. Aus der jeweiligen Position können Normstrategien abgeleitet werden.[97]

Auf der y-Achse werden in stark verdichteter Form die externen Einflusskräfte dargestellt. Diese Achse wird meist als Markt- bzw. Kundenattraktivität bezeichnet und kann sich auf den gegenwärtigen oder zukünftigen Zustand beziehen. Die x-Achse repräsentiert die Einflusskräfte, die die Organisation selbst steuern kann. Sie wird häufig als relative Wettbewerbsposition bezeichnet. Beide Dimensionen werden mit Hilfe von subjektiv-semiquantitativen Indikatoren operationalisiert. Die zu untersuchenden Projekte bzw. Kunden

---

[96] Vgl. Meffert et al. (2008, S. 24ff.).

[97] Vgl. Meffert et al. (2008, S. 265ff.).

werden auf einer stetigen Skala bewertet. Dazu müssen aus Gründen der Praktikabilität meist begründete Annahmen getroffen werden. Zum Schluss werden die Punkte aller Kriterien einer Dimension addiert und in das Koordinatensystem eingetragen, das im Rahmen dieser Arbeit in vier Felder aufgeteilt ist. Die Kreisgröße entspricht meist dem Umsatz. Zur Erstellung des Portfolios werden die Daten in eine Tabellenkalkulation überführt.[98] Das Vorgehen bei der Erstellung eines Portfolios fasst Tab. 2 zusammen.[99]

Schritt	Vorgehen
1	Achsendimensionen festlegen (z. B. x = relative Wettbewerbsposition und y = Marktattraktivität).
2	Bestimmen der relevanten Kriterien für beide Achsen, wobei die Wettbewerbsvorteile mit den Kundenbedürfnissen übereinstimmen müssen.
3	Gewichtung der Kriterien festlegen.
4	Skalierung der Kriterien (z. B. 1 – sehr geringe Ausprägung bis 7 – sehr deutliche Ausprägung).
5	Subjektiv-semiquantitative Bewertung der Indikatoren für jede Einheit/Projekt.
6	Addition der Punkte der gewichteten Kriterien für jede Einheit/Projekt .
7	Eintragung in das Koordinatensystem und Bestimmung der Kreisgröße (z. B. Umsatz).

Tabelle 2: Erstellen eines Portfolios

3.2 Strategische Positionierung

Die strategische Positionierung ist die systemische Betrachtung des Marketing-Mix nach dem St. Galler Management-Modell. Danach können Organisationen nur dann einen dauerhaften Markterfolg erzielen, wenn genügend Kunden mit einem intensiven Bedürfnis vorhanden sind, bessere oder billigere Leistungen angeboten und durch genügend Stoßkraft Kaufentscheidungen beeinflusst werden. Entsprechend gibt es zum Aufbau einer tragfähigen Marktposition vier Hebel: Bedürfnisintensität, Leistungsposition, Preisposition und Vermarktungs-

---

[98] In Microsoft Excel 2007 wird die entsprechende Funktion als Blasendiagramm bezeichnet.

[99] Vgl. Müller-Stewens & Lechner (2005, S. 300ff.); Gerpott (2005, S. 154ff.). Alternative Benennungen der der Dimensionen sind Ressourcenstärke, relative Technologieposition oder Marktsog für die x-Achse sowie Technologieatraktivität und Technologiedruck für die y-Achse.

stärke (vgl. Tab. 3).[100] Im Rahmen dieser Arbeit wird dieser Ansatz auf den
nicht-kommerziellen Technologietransfer aus der Grundlagenforschung
übertragen.

Hebel	Erläuterung	Beispielhafte Ansatzpunkte zur Positionsverbesserung
Steigerung der Bedürfnisintensität	Die Ansprache intensiver Kundenbedürfnisse bildet die Grundlage für den Markterfolg.	Ungelöste Kundenbedürfnisse finden und lösen, Segmentierung des Marktes, Kundennähe steigern, latente Bedürfnisse durch technischen Fortschritt erschließen.
Profilierung durch Leistungsvorteile	Maßgeblich für Leistungsvorteile ist die subjektive Kundensicht relativ zur Konkurrenz.	Orientierung an echten Kundenbedürfnissen, Kundenzufriedenheit, zusätzliche Produktkomponenten, Marke und Image.
Profilierung durch Preisvorteile	Maßgeblich für Preisvorteile ist die subjektive Kundensicht relativ zur Konkurrenz.	Echte Kostenvorteile durch Effekte der Erfahrungskurve, niedrige Transaktionskosten durch Effizienz, Standortvorteile, Leistungsbereitschaft der Mitarbeiter.
Steigerung der Vermarktungsstärke	Fähigkeit einer Organisation, ihre Leistung mit kommunikativer, verkäuferischer und distributiver Stoßkraft zu verkaufen.	Aufbau von Bekanntheit und Image, Öffentlichkeitsarbeit, Werbung (kommunikativ); Verkaufsförderung, Key-Account-Management (verkäuferisch); Akquisition, Kundenbindung, Absatzwege (distributiv).

Tabelle 3: Hebel strategischer Positionierung

3.3 Key-Account-Management

Das Key-Account-Management (KAM) ist ein in der Wirtschaft weit verbreitetes
Marketing- und Verkaufskonzept, dass die Aufmerksamkeit und die Ressourcen
auf die wichtigsten Kunden und Vertriebspartner – die Schlüsselkunden oder
Key-Accounts – einer Organisation lenkt und eine langfristige Zusammenarbeit
forciert. Diese Kunden, z. B. Großkunden, Referenzkunden oder Kunden mit
großem Entwicklungspotenzial, erfahren im Rahmen eines Key-Account-
Programms eine besondere Betreuung. Das KAM ist ein wesentliches Instrument, um das Promotorenkonzept für den Technologietransfer zu realisieren,

---

[100] Vgl. Abegglen & Neumann (o. J., S. 24ff.).

91

wobei der Beziehungspromotor des normativen Modells mit dem Key-Account-Manager sein Pendent in der Praxis findet. Der Key-Account-Manager kümmert sich um die Geschäftsbeziehung, vertritt in der Organisation den Kunden, bildet eine Schnittstelle zu allen beteiligten Akteuren und repräsentiert seine Organisation.

Diese Arbeit orientiert sich dabei am St. Galler KAM-Konzept, das Strukturen und Bausteine definiert und einen Bezugsrahmen für ein systematisches Vorgehen bietet. So können die beteiligten Organisationseinheiten wirksam koordiniert, klare Prioritäten gesetzt und die Zusammenarbeit mit Kunden aktiv gestaltet werden. Kernelemente des Konzeptes sind eine Schlüssel-Schloss-Analogie – ein strategischer Fit zwischen Anbieter und individuell zu bearbeitendem Kunden –, eine Differenzierung zwischen funktionalen Aufgaben der Key-Account-Manager und organisatorischen Aufgaben des Top-Managements sowie die in Tab. 4 beschriebene Systematik der fünf „S".[101]

Im KAM muss die konkrete Ausgestaltung für jeden Key-Account individuell und situativ angepasst werden. Einflussfaktoren sind z. B. die Branche, die Größe des Kunden, die Intensität der Geschäftsbeziehung oder die gemeinsame Geschichte. Bei komplexen und nicht routinemäßig durchgeführten Entscheidungen spielt zudem das so genannte Buying Center eine wichtige Rolle. Darunter wird die Zusammensetzung des Einkaufsgremiums und aller an Entscheidungsprozessen beteiligten Personengruppen verstanden. Wichtige Rollen haben z. B. Verwender, Einkäufer, Entscheidungsträger und Einflussagenten.[102]

	Funktionales KAM	Organisatorisches KAM
Strategy	Analyse des Key-Accounts und Entwicklung einer individuellen Kundenbearbeitungsstrategie.	Selektion der Key-Accounts und Einbettung des KAM in Organisationsstrategie.
Solutions	Analyse der bislang vom Key-Account in Anspruch genommenen Leistungen und Entwicklung kundenspezifischer Leistungspakete.	Interne Zusammenarbeit für Key-Accounts optimieren, Kernkompetenzen und Kooperationen für Key-Account-Leistungen weiterentwickeln.

---

[101] Das St. Galler KAM-Konzept ist ausführlich bei Belz et al. (2008) beschrieben.

[102] Vgl. Meffert et al. (2008, S. 142).

Skills	Analyse der Kompetenzen und Entwicklung von Prozessen der Kundenbearbeitung	Personalentwicklung und Humanpotenzial.
Structure	Strukturanalyse sowie Koordination der Kontakte und KAM-Teams.	Organisationsentwicklung und Unternehmenskultur.
Scorecard	Analyse vorhandener Kennzahlen und Erfolgsmessung auf individueller Ebene.	Lernprozesse und Wissensmanagement sowie Unternehmenscontrolling.

Tabelle 4: Das St. Galler KAM-Konzept[103]

3.4 Servicequalität und Service Design

Für die Tätigkeit der Transferstellen selbst sind Elemente aus dem Dienstleistungsmarketing relevant, insbesondere um Unternehmen langfristig als strategische Partner zu gewinnen. Zentrale Stellgrößen im Dienstleistungsmarketing sind Servicequalität und Kundenzufriedenheit. Servicequalität folgt nach dem Gap-Modell vor allem aus der Differenz zwischen der erwarteten und der erlebten Dienstleistung. Bei unzureichender Servicequalität sinkt die Kundenzufriedenheit und in der Folge wandern Kunden ab und verbreiten negative Mund-Propaganda; der Marketing-Aufwand erhöht sich.[104]

Daher sollen im Rahmen dieser Arbeit auch Erwartungen an die Servicequalität erfasst werden. Die Grundlage hierfür bilden die SERVQUAL-Kriterien (vgl. Tab. 5).[105] Nach Ergebnissen für den US-amerikanischen Markt sind Zuverlässigkeit und Leistungskompetenz die wichtigsten Dimensionen. Da die Bedeutung der einzelnen Determinanten je nach Unternehmen, Branche und kulturellem Umfeld variiert, müssen diese je nach Bedarf neu erfasst und bewertet werden.[106]

---

[103] Ausführlich zum St. Galler KAM-Konzept vgl. Belz et al. (2008)

[104] Vgl. Parasuraman et al. (1985, S. 46ff.; 1994a, S. 121).

[105] Vgl. Parasuraman et al. (1985, S. 47; 1988, S. 23).

[106] Vgl. Parasuraman et al. (1988, S. 31); Zeithaml et al. (2009, S. 112ff.).

93

Service-Dimension	Determinanten
Zuverlässigkeit (Reliability)	Fähigkeit, eine versprochene Leistung verlässlich, pünktlich und exakt zu liefern.
Reaktionsfähigkeit (Responsiveness)	Hilfsbereitschaft und sofortige Dienstleistung.
Leistungskompetenz (Assurance)	Wissen und Höflichkeit der Angestellten sowie ihre Fähigkeit, Vertrauen und Zuversicht zu vermitteln.
Entgegenkommen (Empathy)	Einfühlungsvermögen, Zugang, Kommunikation und individualisierte Aufmerksamkeit.
Äußerliche Erscheinung (Tangibles)	Erscheinung von Gebäuden, Einrichtungen, Mitarbeitern und Drucksachen.

Tabelle 5: SERQUAL Dimensionen[107]

Die Wahrnehmung der Servicequalität wird durch unterschiedliche Toleranzzonen beeinflusst, innerhalb derer die Kunden nicht unzufrieden sind. Die Wahrnehmung des Kunden ändert sich erst, wenn besonders gute oder schlechte Dienstleistungsereignisse geschehen.[108] Einen großen Einfluss auf die Servicequalität haben Maßnahmen zur Fehlerbehebung – das so genannte Service Recovery. Ein gelungenes Service Recovery kann sogar die Kundenzufriedenheit verstärken. Grundsätzlich sollten dazu Fehler eingeräumt, Ursachen erläutert und Problemlösungen gemeinsam erarbeitet werden.[109]

Um die Servicequalität differenziert zu steuern, ist es wichtig, die Muss-, Plus- und Soll-Faktoren zu kennen. Muss-Faktoren müssen erfüllt sein, da sie sonst zur Unzufriedenheit beitragen. Bei positiver Erfüllung tragen Sie aber nicht zur Zufriedenheit bei. Plus-Faktoren können Zufriedenheit entstehen lassen, da der Kunde sie nicht erwartet. Ihr Fehlen führt nicht zu Unzufriedenheit. Soll-Faktoren liegen dazwischen und können je nach Ausprägung Zufriedenheit, Indifferenz und Unzufriedenheit auslösen.[110]

---

[107] Quelle: Parasur et al. (1985, S. 47; 1988, S. 23)

[108] Vgl. Parasuraman et al. (1994b, S. 215ff.); Zeithaml et al. (1993, S. 5ff.).

[109] Vgl. Bitner et al. (1990, S. 76ff.).

[110] Vgl. Stahl (1998, S. 152).

Um Dienstleistungsprozesse zu visualisieren, zu gestalten, zu steuern und zu entwickeln, wurde Anfang der 80er Jahre das Service-Blueprinting entwickelt. Dazu werden für eine Dienstleistung zunächst alle Produkt- und Serviceelemente einschließlich der Entscheidungs- und Beeinflussungsprozesse identifiziert und beschrieben. Komplexe Dienstleistungen setzen sich aus einem Kernprodukt und verschiedenen Prozessen zusammen, die wiederum weiter untergliedert werden können. Der Service-Blueprint ist dabei ein detailliertes Ablaufdiagramm, das alle Strukturen und Beziehungen einer Dienstleistung aus Kundensicht zusammenfasst und die für den Kunden sichtbaren und unsichtbaren Prozesse darstellt. Dabei beschreibt der Blueprint das Servicepotenzial, das von der tatsächlich erbrachten Serviceleistung abweichen kann.[111]

Das Blueprinting kann sowohl zur Entwicklung und Umsetzung neuer Dienstleistungen als auch zur Überprüfung und Weiterentwicklung bereits eingeführter Prozesse eingesetzt werden. Eine Dienstleistung ist charakterisiert durch ihre Komplexität – die Anzahl und Ebenen der einzelnen Schritte – und ihre Divergenz – der Freiheitsgrad der einzelnen Prozesse. Sind erst einmal alle Prozesse sorgfältig dokumentiert, ergeben sich verschiedene Engineering-Möglichkeiten: Werden Divergenz und Komplexität reduziert, verringern sich die Kosten und erhöht sich die Produktivität, gleichzeitig nimmt die Servicequalität ab. Werden beide Eigenschaften erhöht, steigen in der Regel Flexibilität und Servicequalität, aber die Produktivität nimmt ab und die Kosten steigen.[112]

4 Kritische Erfolgsfaktoren

Um konkrete Handlungsoptionen für den Technologietransfer zu entwickeln, folgt der Situationsanalyse eine Identifikation der kritischen Erfolgsfaktoren. Um diese zu ermitteln, wurden eine Literaturanalyse und eine Expertenbefragung durchgeführt.

---

[111] Vgl. dazu die grundlegenden Arbeiten von Shostack (1982; 1984; 1987).

[112] Vgl. Shostack (1987, S. 35ff.).

4.1 Ergebnisse der Literaturrecherche

In der Literatur finden sich in einer Reihe von Studien viele direkte und indirekte Hinweise auf Faktoren, die sich negativ oder positiv auf Erfolge im Technologietransfer auswirken können.[113] Aus der Meta-Analyse dieser Studien resultiert eine Liste kritischer Erfolgsfaktoren, die in vier Merkmalskomplexen zusammengefasst werden: Erfindungsqualität, Innovationshaltung, Transferqualität und Beziehungsqualität. Einige Kriterien werden in der Expertenbefragung konkretisiert. Zum Merkmalskomplex Erfindungsqualität gehören Kriterien, die Qualität und Nutzen einer Erfindung bestimmen (vgl. Tab. 6). Die Chancen für einen Transfererfolg erhöhen sich, wenn zwischen Transfer-Geber und -Nehmer ein guter strategischer Fit besteht. Erfolgsfaktoren sind gute wissenschaftliche Qualität, Vorteile für den Transfer-Nehmer, hohe Innovationsreife und hoher Innovationsgrad, Kompatibilität des Nutzens mit den Bedürfnissen eines Unternehmens sowie vorhandene Schutzrechte.

Erfolgsfaktor	Erläuterung
Wissenschaftliche Qualität	Eine hohe Qualität der Forschung wirkt sich positiv auf die Reputation aus und erhöht die Bereitschaft von Unternehmen, mit einer Forschungseinrichtung zusammenzuarbeiten.
Vorteilhaftigkeit	Ausmaß, in dem eine Erfindung zu Alternativen über eine hohe technologische Leistungsfähigkeit verfügt und die Erlös- und Kostenstruktur für den Transfer-Nehmer verbessern kann.
Innovationsreife	Ausmaß, in dem Erfindungen noch zeit- und kostenintensive Entwicklungsarbeiten bis zur Marktreife benötigen. Je geringer die Innovationsreife ist, desto größer ist das Risiko.
Innovationsgrad	Neuigkeitsgrad der angestrebten Innovation (inkrementell bis fundamental).
Kompatibilität	Übereinstimmung zwischen der Erfindung und den Anforderungen und Bedürfnissen des Transfer-Nehmers, z. B. Schnittstellen zu bereits vorhandenen Technologien im Unternehmen.
Schutzrechte	In den Lebenswissenschaften bildet ein umfassender Patentschutz eine wesentliche Voraussetzung für eine spätere ökonomische Verwertung.

Tabelle 6: Erfindungsqualität als Erfolgsfaktor für den Techologietransfer

---

[113] Vgl. Baaken (2009, S. 48ff.); Gemünden & Walter (1995, S. 974ff.); Gemünden & Walter (1996, S. 237ff.); Gerpott (2005, S. 252ff.); Reinhard (2001, S. 32f., 37f.); Reinhard (2000b, S. 287ff.); Reinhard & Schmalholz (1996, S. 33f.); Rotering (1990, S. 85); Sabisch (2002, S. 20ff.); Shostack (1982, S. 53); Stifterverband (2007, S. 6, 14, 34ff., 70, 92ff., 103ff., 113ff.); Walter (2003, S. 228ff.); Wissenschaftsrat (2007a, S. 31f.); Wissenschaftsrat (2007b, S. 41ff., 68ff.). Nicht aufgeführt als Quelle sind kleinere, indirekte Hinweise, die erst durch Aggregation zu Erfolgsfaktoren wurden.

Zum Merkmalskomplex Transferqualität gehören vor allem strukturelle Erfolgsfaktoren (vgl. Tab. 7). Wenn Strukturen gut ineinandergreifen und sich komplementär ergänzen, besteht ein guter struktureller Fit, der sich positiv auf die Transferchancen auswirkt. Relevante Kriterien sind ausreichende Informationen, das Zusammenbringen der richtigen Ansprechpartner, Erstellung von Rahmenverträgen, die Sicherstellung von Geheimhaltungsvorgaben sowie Auftreten, Flexibilität und Projektmanagement.

Der Merkmalskomplex Innovationshaltung umfasst Kriterien, die das Umfeld für den Technologietransfer charakterisieren (vgl. Tab. 8). Die Chancen auf erfolgreiche Transferprojekte erhöhen sich, wenn ein guter kultureller Fit besteht und eine positive Innovationshaltung auf beiden Seiten eine intensive Zusammenarbeit fördert. Bestimmungsfaktoren sind die Risikobereitschaft der Unternehmen, die gegenseitige Bereitschaft zur Zusammenarbeit, Absorptionsfähigkeit und Finanzkraft sowie der Grad der Nutzenorientierung der Transferstellen.

Erfolgsfaktor	Erläuterung
Ausreichende Information	Es bestehen gegenseitige Informationsdefizite. Forschungseinrichtungen wissen wenig über den Technologiebedarf der Unternehmen. Die Unternehmen kennen nicht die Kompetenzen und Leistungspotenziale der öffentlichen Forschungseinrichtungen. Häufig unterbleibt eine Informationssuche, weil die Chancen als gering eingeschätzt werden, geeignete Partner zu finden oder weil der Aufwand für die Informationssuche zu hoch scheint.
„Matching" der Ansprechpartner	Unternehmen und Forschungseinrichtungen haben Schwierigkeiten, die jeweils richtigen Ansprechpartner zu finden. Negativ wirken sich zudem häufige Personalwechsel auf beiden Seiten aus. Viele Unternehmen greifen daher häufig auf die bereits bekannten Verbindungen zurück und suchen nicht aktiv nach neuen Forschungspartnern. Daher wirken sich bestehende Geschäftsbeziehungen günstig auf die Transferchancen aus.
Rahmenverträge	Sowohl Unternehmen als auch Forschungseinrichtungen kritisieren, dass Verhandlungen über Verwertungsrechte langwierig und schwierig sind. Zudem erfordern unterschiedliche Einzelverträge einen hohen Abstimmungsaufwand, der durch Rahmenvereinbarungen verringert wird.
Geheimhaltung	Vertraulichkeit und Geheimhaltungsvorgaben müssen sichergestellt werden, selbst wenn z. B. Förderrichtlinien der öffentlichen Hand eine intensive Öffentlichkeitsarbeit verlangen. Viele Unternehmen befürchten einen Know-how-Abfluss und den Verlust von Wettbewerbsvorteilen. Sie lassen eher ein Projekt scheitern, als dass die Konkurrenz wichtige Informationen erhält. Forschungseinrichtungen befürchten einen Interessenskonflikt zwischen Publikationspflicht und Geheimhaltungsinteressen.
Auftreten	Untersuchungen zum Service-Design zeigen, dass auch Sprache und Kleidung die Wahrnehmung einer Serviceleistung beeinflussen können. Der Effekt liegt vor allem in der Vertrauensbildung und trifft auch auf anspruchsvolle Dienstleistungen zu. Zum

	Auftreten gehört auch das Umfeld einer Dienstleistung, z. B. Präsentationsunterlagen oder der Markenauftritt.
Projektmanagement	Kooperationen benötigen ein sehr gutes Projektmanagement, das auf beiden Seiten oftmals unzureichend ist. Kritisiert wird bei Forschungseinrichtungen zudem mangelnde Termintreue.
Flexibilität	Der Technologietransfer wird durch geringe Handlungsspielräume behindert. Barrieren in öffentlichen Forschungseinrichtungen sind z. B. bürokratische Strukturen und das öffentliche Dienstrecht, in Unternehmen z. B. aufwendige Controlling-Systeme.

Tabelle 7: Transferqualität als Erfolgsfaktor für den Technologietransfer

Erfolgsfaktor	Erläuterung
Risikobereitschaft	Bei geringer Absorptionsfähigkeit und fehlenden systematischen Ideenfindungs- und Entscheidungsprozessen scheuen viele Unternehmen das Risiko, in Technologien mit geringer Innovationsreife zu investieren. Im Gesundheitsbereich steigen Pharmaunternehmen häufig erst ein, wenn ein Medikament bereits die Phase II der klinischen Prüfung bestanden hat.
Bereitschaft zur Zusammenarbeit	Forschungseinrichtungen und Unternehmen kritisieren jeweils die geringe Bereitschaft zur Zusammenarbeit, die häufig an fehlenden Anreizen liegt. Hemmend wirkt sich in Forschungseinrichtungen vor allem die geringe Relevanz des Technologietransfers für die wissenschaftliche Karriere aus. In Unternehmen fehlt häufig eine Strategie für nachhaltige strategische Partnerschaften mit der Wissenschaft. Kritisch ist auch eine in der Pharmaindustrie ausgeprägte pauschale Ablehnung der Zusammenarbeit mit externen Forschern („Not-invented-here"-Syndrom), da jede externe Idee mit den hausinternen Projekten um finanzielle Ressourcen konkurriert. Dazu kommt die Befürchtung, dass Eigenentwicklungen durch die Absorption externen Wissens gehemmt werden.
Absorptionsfähigkeit und Finanzkraft	Eine Transferbarriere ist der Mangel an Fachpersonal, Infrastruktur- und F&E-Kapazität sowie Zeit und zu geringen Mitteln für die Weiterentwicklung von Forschungsergebnissen. Bei Unternehmen wirkt sich das z. B. negativ auf die die Absorptionsfähigkeit und die Bereitschaft zur Beteiligung an öffentlichen Ausschreibungen aus.
Orientierung am Nutzen	Kritisiert wird ein überholtes Transferkonzept, dass sich an Technologien statt am Nutzen für die Unternehmen orientiert. Zudem ist die Kundenorientierung bei den Forschungseinrichtungen häufig gering ausgeprägt.

Tabelle 8: Innovationshaltung als Erfolgsfaktor für den Technologietransfer

Erfolgsfaktor	Erläuterung
Vertrauen	Ein tragfähiges Vertrauensverhältnis ist für eine inter-organisationale Zusammenarbeit wesentlich. Vertrauen erleichtert die Initiierung und Vertiefung von Geschäftsbeziehungen. So befürchten Forschungseinrichtungen z. B., dass Unternehmen keinen angemessenen Interessensausgleich anstreben und zu stark auf Kosten fokussiert sind. Auch Unternehmen sind misstrauisch und bemängeln z. B. eine überzogene Drittmittelsucht der Forscher, die kein Interesse an den Problemen und Fragestellungen der Unternehmen haben und diese nur als Fördermitteltopf und zur persönlichen Bereicherung betrachten.
Verständnis	Es mangelt an glaubwürdigen Vermittlern, die in der Lage sind, die spezifischen Stärken und Schwächen sowie Chancen und Risiken von Forschungsergebnissen

	verständlich zu erklären. Häufig besteht auch ein unterschiedliches Verständnis von Fachbegriffen.
Kulturelle Kluft	Öffentliche Forschung und Unternehmen haben unterschiedliche Aufgaben. Die sich daraus ergebende mentalitätsbedingte Distanz kann dazu führen, dass das Verständnis für die Arbeitsweise der jeweils anderen Seite gering ausgeprägt ist und Berührungsängste bestehen. Nur wenige Mitarbeiter können sich sicher in beiden Umgebungen bewegen. Forschungseinrichtungen kritisieren die sprunghaften Anforderungen der Unternehmen und in Großunternehmen die Bürokratie, während Unternehmen die zeitraubenden und unberechenbaren Entscheidungsprozesse sowie die „Trägheit" in der öffentlichen Forschung, die zu große Autonomie einzelner Bereiche, praxisferne Vorstellungen und einen Mangel an Zielorientierung adressieren. Besonders große Berührungsängste bestehen seitens der KMU.
Commitment	Grundlage einer langfristigen, loyalen Zusammenarbeit ist eine innere Verpflichtung beider Partner zur Erreichung gemeinsamer Ziele. Beide Partner tragen aktiv zum Erfolg bei und bekennen sich zur Zusammenarbeit über das aktuelle Projekt hinaus. Einen starken Einfluss auf das Commitment haben Einigkeit und Klarheit bezüglich der Ziele und von Leistung und Gegenleistung.
Kommunikation	Zeitnahe Kommunikation und offener Informationsaustausch bilden die Basis für eine effektive Zusammenarbeit. Relevante Subkriterien sind die Häufigkeit der Kommunikation, die Qualität der übertragenen Information und die Zufriedenheit mit der Kommunikation.

Tabelle 9: Beziehungsqualität als Erfolgsfaktor für den Technologietransfer

Zum Merkmalskomplex Beziehungsqualität gehören vor allem Kriterien der persönlichen Ebene (vgl. Tab. 9). Je besser der soziale Fit, desto besser arbeiten die handelnden Personen zusammen. Soziale Interaktionen zwischen den handelnden Personen werden durch gegenseitiges Vertrauen und Verständnis, eine kulturelle Kluft, Commitment und eine offene Kommunikation der beteiligten Personen bestimmt.

4.2 Ergebnisse der Expertenbefragung

Ziel der Expertenbefragung war eine Erfassung von Kundenerwartungen an den Technologietransfer und der damit verbundenen Dienstleistungen. Befragt wurden ausgewählte Entscheidungsträger aus Pharma- und Verwertungsunternehmen in schriftlicher Form und meist zusätzlich im persönlichen Gespräch.[114]

---

[114] Insgesamt acht Experten haben den Fragebogen beantwortet, was einer Rücklaufquote von 80 % entspricht. Dazu gehören fünf Entscheidungsträger der deutschen Pharmaindustrie und drei Führungskräfte von Verwertungsunternehmen. Mit fünf Experten wurde ein vertiefendes Gespräch geführt.

Im Fragebogen wurden drei Bereiche adressiert: Muss-, Soll- und Plus-Kriterien, die Bewertung einer Offerte und Erwartungen an die Dienstleistungsqualität.[115]

In der Initiierungsphase führt ein angesprochenes Unternehmen bei jeder Offerte immer eine erste Prüfung nach verschiedenen Kriterien durch, die im ersten Teil des Fragebogens erfasst wurden. Die Ergebnisse zeigt Abb. 3. Die Muss-Kriterien betreffen vor allem die Erfindungsqualität, wobei wissenschaftliche Qualität (A1) und geklärte Eigentumsverhältnisse der Schutzrechte (A5) am häufigsten genannt wurden. Mehrere Experten wiesen darauf hin, dass ungeklärte Eigentumsverhältnisse ein Ausschlusskriterium seien und es bezüglich dieser Anforderung Handlungsbedarf gäbe. Weitere Muss-Kriterien sind darüber hinaus ein aktueller Bedarf bzw. grundsätzliches Interesse (A2) sowie im Bereich der Transferqualität eine hohe Vertrauenswürdigkeit (A13) des Vermittlers. Als zusätzliche Muss-Kriterien nannten die Experten die Nachvollziehbarkeit des Ansatzes, die Klarheit der Offerte und die Güte der angegebenen Daten.

---

[115] Vgl. Fragenbogen im Anhang. Die Aussagen wurden auf einer 7-stufigen Skala bewertet, die von „stimme nicht zug" bzw. „weniger wichtig" zu „stimme voll zu" bzw. „sehr wichtig" reicht (vgl. dazu Meffert et al., 2008 S. 149f.). Der unterste Wert wurde mit „0" bewertet.

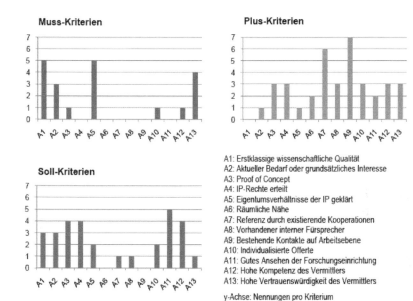

Abbildung 3: Muss-, Soll- und Plus-Kriterien

Wichtige Soll-Kriterien – die aber nicht zum Ausschluss führen – sind weiterhin ein gutes Ansehen der Forschungseinrichtung (A11), eine hohe Kompetenz des Vermittlers (A12) sowie erteilte IP-Rechte (A4) und ein Proof of Concept (A3), die beide entweder als Soll- oder als Plus-Kriterium eingestuft wurden. Von fast allen Experten wurden bestehende Kontakte (A7 und A9) als Plus-Faktor bewertet, der sich sehr positiv auswirken kann.

Sehr unterschiedlich wurde eine Individualisierung der Offerte (A10) bewertet, da dieses Kriterium anscheinend in hohem Maß von persönlichen Präferenzen abzuhängen scheint. Räumliche Nähe (A6) und ein interner Fürsprecher (A8) scheinen keine Rolle zu spielen. Einige Experten bemängelten zudem die Qualität der Offerten, die oft unpassend, wenig aussagekräftig und zum Teil nicht seriös seien.

Im zweiten Teil des Fragebogens wurden die Kriterien und Anforderungen für die Bewertung einer Offerte erfasst. Die Ergebnisse zeigt Abb. 4. Danach ist das

Transfer- und Anwendungspotenzial (B1d) insgesamt das wichtigste Kriterium. Einige Experten wiesen darauf hin, dass der Nutzen und die Art der Problemlösung schnell und eindeutig erkennbar sein müssten. Sehr wichtig sind auch Patente (B1c) und etwas weniger ausgeprägt die Publikationsleistung (B1a). Bei den Patenten differenzierten einige Experten allerdings nicht zwischen Patentierbarkeit, Anmeldung und erteilten Patenten. Bemängelt wurde eine häufig unklare Schutzrechtssituation. Keine Bedeutung scheinen wissenschaftliche Preise (B1b) und internationale Vernetzung (B1e) zu haben.

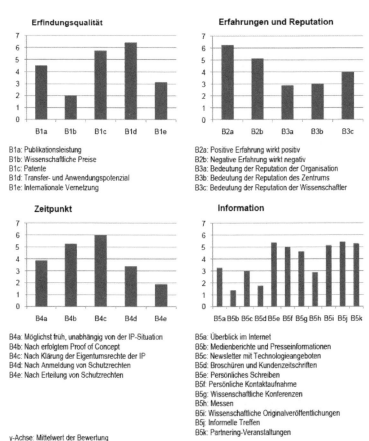

B1a: Publikationsleistung
B1b: Wissenschaftliche Preise
B1c: Patente
B1d: Transfer- und Anwendungspotenzial
B1e: Internationale Vernetzung

B2a: Positive Erfahrung wirkt positiv
B2b: Negative Erfahrung wirkt negativ
B3a: Bedeutung der Reputation der Organisation
B3b: Bedeutung der Reputation des Zentrums
B3c: Bedeutung der Reputation der Wissenschaftler

B4a: Möglichst früh, unabhängig von der IP-Situation
B4b: Nach erfolgtem Proof of Concept
B4c: Nach Klärung der Eigentumsrechte der IP
B4d: Nach Anmeldung von Schutzrechten
B4e: Nach Erteilung von Schutzrechten

B5a: Überblick im Internet
B5b: Medienberichte und Presseinformationen
B5c: Newsletter mit Technologieangeboten
B5d: Broschüren und Kundenzeitschriften
B5e: Persönliches Schreiben
B5f: Persönliche Kontaktaufnahme
B5g: Wissenschaftliche Konferenzen
B5h: Messen
B5i: Wissenschaftliche Originalveröffentlichungen
B5j: Informelle Treffen
B5k: Partnering-Veranstaltungen

y-Achse: Mittelwert der Bewertung

Abbildung 4: Kriterien für die Bewertung einer Offerte

Einen großen Einfluss auf die Bewertung einer Offerte haben nach Meinung der Experten Erfahrungen in der Zusammenarbeit: Eine positive Zusammenarbeit in der Vergangenheit erhöht die Offenheit für neue Projekte (B2a). Nicht ganz so deutlich sind die Nachteile für neue Projekte aufgrund negativer Erfahrungen (B2b). Ein Experte betonte, dass die Erwartungen der Wissenschaftler industriekonform sein müssten und daher Erfahrungswerte wichtig seien. Ein anderer Experte wies in diesem Zusammenhang auf die notwendige Vertrauenswürdigkeit hin. Weniger wichtig scheint die Reputation der Forschungsorganisation, des Instituts oder des Wissenschaftler (B3a-c) zu sein. Ein Experte meinte jedoch, dass international eine starke Wissenschaftsmarke als Qualitätssiegel eine größere Bedeutung habe.

Die Aussagen zum optimalen Zeitpunkt der Kontaktaufnahme bestätigen die Ergebnisse zu den Muss-, Soll- und Plus-Kriterien: Die Daten deuten darauf hin, dass vor allem geklärte Eigentumsverhältnisse der Erfindungen (B4c) und ein erbrachter Proof of Concept (B4b) wichtig sind. Weniger bedeutend scheint dagegen, dass Schutzrechte bereits angemeldet (B4d) oder erteilt (B4e) sind. Zwei Experten wiesen darauf hin, dass auch die zukünftige IP-Situation und eine Gefahr durch neuigkeitsschädigende Publikationen berücksichtigt werden müssten. Ansonsten verfolgen die Unternehmen unterschiedliche Strategien bei der Kontaktaufnahme (B4a). Die Hälfte der Experten bevorzugte eine möglichst frühe Kontaktaufnahme, was die andere Hälfte ablehnte.

Informationen über Erfindungen und Forschungsprojekte können über verschiedene Kanäle an die Ansprechpartner in den Unternehmen kommuniziert werden. Trotz großer individueller Unterschiede bewerten die Experten die Instrumente am höchsten, die persönliche Kontakte ermöglichen: Je nach individueller Präferenz schätzen sie schriftliche (B5e) oder mündliche Kontaktaufnahme (B5f), informelle Treffen (B5j) und Partnering-Veranstaltungen (B5k) als sehr wichtig ein. Bei der schriftlichen Kommunikation werden E-Mails bevorzugt. Die große Bedeutung persönlicher Kontakte zeigen auch die von einigen Interviewpartnern vorgeschlagenen Instrumente „regelmäßige persönliche Treffen", „Networking" und „Informationen auf der Basis eines bestehenden

Vertrauensverhältnisses". Eine große Bedeutung haben wissenschaftliche Originalveröffentlichungen (B5i) und Konferenzen (B5g). Nur eine geringe Bedeutung bei breiter Streuung ergibt für das Internet (B5a), Messen (B5h) und Newsletter (B5c). Ohne Relevanz scheinen Broschüren und Kundenzeitschriften (B5d) sowie Presseinformationen und Medienberichte (B5b) zu sein, wobei letztere sogar als schädlich eingestuft wurden.

Als erste Information bevorzugen die meisten Transfer-Nehmer ein kurzes Profil, aus dem der Nutzen der Erfindung, die dahinter stehende Wissenschaft und die Innovationsreife hervorgehen. Viele der Befragten wünschten sich zusätzlich ein ausführliches Dossier, das je nach Präferenz beigefügt oder kurzfristig abgerufen werden kann. In jedem Fall müssen die Unterlagen in englischer Sprache erstellt sein. Als Zeitaufwand für die erste Prüfung wollen die meisten befragten Personen weniger als 15 Minuten investieren; das Maximum liegt bei zwei Stunden.

Sehr wichtig ist weiterhin ein fester Ansprechpartner im Technologietransfer, mit dem auch Details einer Vereinbarung besprochen werden können (B6a) und der die Entwickler aus dem Unternehmen schnell und kompetent mit den Wissenschaftlern zusammenbringt (B6b). Mit großer Streuung werden die Kriterien Exklusivität (B5m) und Relevanz (B5n) noch als relevante Erfolgsfaktoren eingeschätzt.

Im dritten Teil des Fragebogens wurden die Erwartungen an die Dienstleistungsqualität erfragt. Die Fragen orientieren sich an den SERVQUAL-Dimensionen, die für die Dienstleistung Technologietransfer adaptiert und nur in einer einfachen Skala erfasst wurden. Die Ergebnisse zeigt Abb. 5. Insgesamt offenbart die Befragung hohe Erwartungen und gleichzeitig Defizite in der Dienstleistungsqualität.

Zuverlässigkeit (C1) ist eines der am höchsten bewerteten Kriterien. Dazu gehört es, dass Dienstleistungen schnell ausgeführt werden. Bei E-Mails liegt die erwartete Reaktionszeit bei ein bis maximal fünf Arbeitstagen und eine Terminvereinbarung sollte innerhalb von ein bis zwei Wochen erfolgen. Ein Experte wies diesbezüglich auf dringenden Handlungsbedarf hin. Als sehr wichtig bewerten die Experten auch die Fähigkeit, einen Überblick zu geben und die Vermittlung von Kontakten zu den Wissenschaftlern (C2c). Erwartet werden zudem Kenntnisse der Schutzrechtssituation (C2b) und der Forschungsinhalte (C2a), um Detailfragen beantworten zu können. Bei allen drei Kompetenzen adressierten die Experten Handlungsbedarf.

Das insgesamt wichtigste Servicekriterium ist Vertraulichkeit (C4b), das fast alle Experten mit dem Maximalwert bewerteten. Der Anspruch ist sehr hoch und zwei Experten sahen bei der Vertraulichkeit Handlungsbedarf. Erwartet werden weiterhin ein freundliches, höfliches und respektvolles Auftreten (C3), angemessen aufbereitete Unterlagen (C5) und Exklusivität (C4c). Etwas weniger wichtig scheint zu sein, dass der Vermittler einer angesehen Organisation angehört (C4a).

Als sehr wichtig wurde der aktive, schnelle und unkomplizierte Zugang zu den Wissenschaftslern bewertet (C9). Auch dazu adressierte ein Experte Handlungs-bedarf und betonte, dass manche Transferstellen versuchen, diesen Zugang zu verhindern. Als wichtig wird ebenfalls das Kundengespür (C7) betrachtet, was ein Experte als häufig unzureichend bezeichnete, sowie eine verständliche Kommunikation (C8), die zeitlich (C6b) und fachlich (C6c) leicht zugänglich ist. Keine Bedeutung wird räumlicher Nähe zugewiesen (C6a).

Ansprache

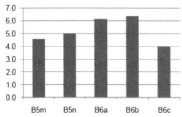

B5m: Exklusivität der Informationen
B5n: Relevanz der Informationen
B6a: Fester Ansprechpartner mit Detailkenntnissen
B6b: Fester Ansprechpartner mit Vermittlungskompetenz
B6c: Nur Kontakt zu Wissenschaftlern ist wichtig

Zuverlässigkeit und Kompetenz

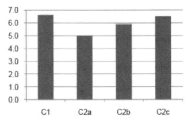

C1: Zuverlässigkeit
C2a: Wissenschaftliche Kenntnisse
C2b: Kenntnisse der Schutzrechtssituation
C2c: Überblick geben und an Experten vermitteln

Freundlichkeit, Vertrauenswürdigkeit, äußere Erscheinung

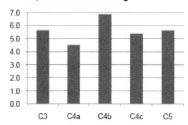

C3: Freundlichkeit/Höflichkeit
C4a: Vermittler von angesehener Organisation
C4b: Vertraulichkeit ist gewährleistet
C4c: Exklusivität ist gewährleistet
C5: Äußeres Erscheinungsbild

y-Achse: Mittelwert der Bewertung

Erreichbarkeit, Kundengespür, Kommunikation und Zugang

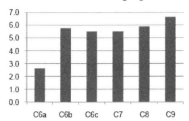

C6a: Räumlich leicht erreichbar
C6b: Zeitlich leicht erreichbar
C6c: Fachlich leicht erreichbar
C7: Kundengespür
C8: Leicht verständliche Kommunikation
C9: Einfacher Zugang zu den Wissenschaftlern

Abbildung 5: Kriterien für Dienstleistungsqualität

4.3 Anforderungen an ein Relationship-Management

Aus den Ergebnissen von Literaturrecherche und Expertenbefragung resultieren konkrete Anforderungen an ein Relationship-Management, damit der Technologietransfer erfolgreicher gestaltet werden kann. Diese Anforderungen sind in Tab. 10 zusammengefasst.

Anforderung	Erläuterung
Wissenschaftliche Qualität darstellen und belegen.	Wissenschaftliche Qualität durch Publikationsnachweise und bisherige Erfolge belegen. Nachvollziehbarkeit und Verständlichkeit sicherstellen.
Vorteilhaftigkeit der Erfindung darstellen und belegen.	Nutzen- und Marktpotenzial, Problemlösung und Innovationsgrad verständlich und seriös darstellen. Win-win-Situation durch strategische, technologische und kulturelle Kompatibilität schaffen und dadurch die Risikobereitschaft der Unternehmen erhöhen.
Vorteilhaftigkeit der Kooperation darstellen und belegen.	Selektive und maßgeschneiderte Ansprache von Unternehmen mit erfüllbaren Bedürfnissen und ausreichender Absorptionsfähigkeit. Wenn vorhanden, positive Erfahrungen in der Zusammenarbeit und gute Kontakte auf Arbeitsebene adressieren.
Schutzrechtssituation klären und darstellen.	Eigentumsverhältnisse aktueller und zukünftiger IP vor Kontaktaufnahme klären. Bei hohem Nutzenpotenzial mit Beginn des Marketings Schutzrechte anmelden.
Innovationsreife darstellen.	Entwicklungsstand, weitere Planung, noch offene Forschungsfragen und ungelöste Probleme beschreiben. Innovationsreife durch Validierung erhöhen und Proof of Concept nachweisen.
Transaktionskosten verringern.	Bei der Selektion der Unternehmen Absorptionsfähigkeit und Kompatibilität berücksichtigen. Optimale Prozesse, Flexibilität und unbürokratisches Handeln durch adäquate Servicequalität sicherstellen. Rahmenvereinbarungen abschließen. Einfach zu prüfendes Kurzprofil und Dossier in englischer Sprache erstellen.
Informationsdefizite beseitigen und Verständnis schaffen.	Individuelle Informationskanäle für relevante Informationen aufbauen. Durch begleitende PR Bekanntheit und Reputation aufbauen. Die richtigen Personen zusammenbringen und Gelegenheiten für persönliche Kontakte, Networking und informelle Kommunikation schaffen.
Zusammenarbeit fördern und Vertrauen schaffen.	Partner zu einer loyalen Zusammenarbeit verpflichten, gegenseitige Erwartungen definieren und Vertraulichkeit, Zuverlässigkeit und Geheimhaltung garantieren. Feste Ansprechpartner etablieren und bestehende Kontakte nutzen.
Interne Bereitschaft zur Zusammenarbeit erhöhen.	Wissenschaftler durch Anerkennung von Transferleistungen motivieren. Bestehende Kooperationsprojekte als Best-Practice-Beispiele hervorheben.
Kompetenz der Vermittler erhöhen.	Festen Ansprechpartner im Transfer mit wissenschaftlichen und wirtschaftlichen Kompetenzen, hohen kommunikativen Fähigkeiten und Kenntnissen im IP-Management etablieren und Überblicks- und Vermittlungsfunktion sicherstellen. Reaktionszeiten und adäquates Erscheinungsbild von Vermittler und Unterlagen beachten.
Persönliche Kommunikation aufbauen und pflegen.	Unternehmensvertreter individuell ansprechen; freundlich, höflich und respektvoll auftreten. Je nach Präferenz des Partners auf Unternehmensseite schriftlich oder mündlich kommunizieren, neue Kontakte aufbauen und vertiefen.

Tabelle 10: Anforderungen an ein Relationsship Management

5 Relationship-Management-Konzept

Die Promotorfunktion stellt für den Technologietransfer der Helmholtz-Gesundheitsforschung eine vielsprechende strategische Stoßrichtung dar. Denn die Steuerung von Geschäftsbeziehungen – hier insbesondere die Interaktion von Wissenschaft und Wirtschaft – wird zukünftig noch viel stärker als bisher eine Herangehensweise erfordern, in der Einzelkontakte, Partnerschaften und strategische Allianzen Teil einer institutionellen Gesamtstrategie sind. Damit verbunden ist eine sehr viel stärkere Orientierung des Technologietransfers einerseits am Nutzen eines Forschungsprojekts und andererseits an den Bedürfnissen aktueller und potenzieller Kunden. Mit dem praxisnahen Relationship-Management-Konzept werden die im Rahmen dieser Arbeit ermittelten Erfolgsfaktoren mit dem normativen Promotorenmodell und Methoden aus dem strategischen Management sowie operativen Marketing zusammengeführt.

Auch Aufbau und Sprache des Konzepts müssen der mit dem Relationship-Management verbundenen nutzenorientierten Sichtweise entsprechen. Bei allen tatsächlichen oder potenziellen Erfindungen soll daher nicht mehr die Technologie im Mittelpunkt stehen, sondern das entsprechende Nutzenpotenzial. Nach Möglichkeit werden daher Begriffe eingesetzt, die für diese Haltung stehen und so die notwendigen Einstellungsveränderungen durch den alltäglichen Gebrauch im Denken und Handeln der beteiligten Personen verankern. Das Innovative der im Rahmen dieser Arbeit vorgeschlagenen Ansätze soll dabei nicht durch eine Vielzahl neuer Fachtermini zum Ausdruck gebracht werden. Stattdessen werden Methoden und Instrumente, die sich in der Wirtschaft bewährt haben, adaptiert und konsequent die jeweiligen Fachbegriffe verwendet. Dies erleichtert Unternehmensvertretern die Orientierung und Überwindung erster Verständlichkeitsbarrieren. Der Begriff Technologietransfer bezeichnet daher nicht mehr eine Organisationseinheit, sondern eine Funktion in einer übergreifenden Struktur. Beziehungspromotoren sind Key-Account-Manager und Transfer-Nehmer sind Kunden bzw. Partner in einer strategischen Allianz. Forschungsergebnisse und Erfindungen werden unabhängig von der Innovationsreife meist als Projekte bezeichnet, da der Nachweis der wirtschaftlichen Verwertbarkeit bereits Teil des Relationship-Managements ist und IP vor, während oder als Ergebnis einer Kooperation mit einem Unternehmen entstehen kann.

Ausgehend von den in Kapitel 4.3 formulierten Anforderungen werden die Grundlinien dieses Konzepts durch die operative Marketing-Strategie definiert (Kapitel 5.1). Mit dem Nutzenportfolio können Projekte mit wirtschaftlichem Potenzial identifiziert und visualisiert werden (Kapitel 5.2). Das Key-Account-Management stellt einen Rahmen zur Verfügung, um Geschäftsbeziehungen zu initiieren und systematisch zu gestalten (Kapitel 5.3). Im Absatzkonzept werden die Werkzeuge beschrieben, mit denen die Erfolgschancen im Verkauf gesteuert werden können (Kapitel 5.4). Schließlich werden in Kapitel 5.5 Vorschläge zur organisatorischen Umsetzung gemacht.

5.1 Operative Marketing-Strategie

Dieses Kapitel definiert die strategische Positionierung der Helmholtz-Zentren im Technologietransfer-Markt und beschreibt die Ausgestaltung der vier Hebel für einen dauerhaften Markt- bzw. Transfererfolg. Ein Erfolg wird sich nur dann einstellen, wenn alle am Technologietransfer beteiligten Mitarbeiter Kundenbedürfnisse in das Zentrum ihrer Aufmerksamkeit stellen. Die Kunden sind in der Regel Wirtschaftsunternehmen, die Umsätze und Gewinne generieren müssen.[116] Innovationen können zu Wettbewerbsvorteilen führen und damit erheblich zum ökonomischen Gesamterfolg und zum langfristigen Überleben beitragen. Entsprechend müssen in der Kommunikation ungelöste Kundenprobleme im Vordergrund stehen und nicht die wissenschaftliche Leistung. Dies erfordert ein Umdenken in Forschungseinrichtungen, in denen Wissenschaftler vor allem an ihrer eigenen wissenschaftlichen Leistung gemessen werden.

---

[116] Insbesondere bei armutsbedingten Krankheiten werden große Non-Profit-Einrichtungen als alternative Kunden zunehmend wichtiger.

5.1.1 Marketing-Ziele

Das Ziel dieser Arbeit ist die Entwicklung eines praxisnahen Konzepts für wirksameren Technologietransfer aus der Grundlagenforschung. Als Schlüssel zum Erfolg wird dabei eine aktive Initiierung und Gestaltung von Kundenbeziehungen gesehen. Wenn es den Helmholtz-Gesundheitszentren gelingt, Kundenorientierung und entsprechende Kompetenzen aufzubauen, würden sie über einen klaren Wettbewerbsvorteil verfügen. Dieser verbessert nicht nur die Erfolgsaussichten bei der Kommerzialisierung von Forschungsergebnissen, sondern stärkt durch den Reputationsgewinn auch die Ausgangsbasis im Wettbewerb um Forschungsgelder.

Technologietransfer wird im Rahmen dieser Arbeit nicht als kurzfristiges Geschäft gesehen, sondern soll zu langjährigen Partnerschaften mit Unternehmen führen. Eine hohe Kundenzufriedenheit führt dabei zu Kostenvorteilen und höheren Verwertungserfolgen. Aus diesen Überlegungen ergeben sich konkrete Marketingziele:

- Förderung des nutzenorientierten Denkens und Handelns und der Orientierung an den Kundenbedürfnissen,

- Realisierung von Erfolgspotenzialen im Technologietransfer durch aktiven Verkauf an selektierte Kunden und Initiierung langfristiger strategischer Partnerschaften,

- Erreichen einer hohen Kundenzufriedenheit durch maßgeschneiderte Kundenansprache und bestmöglichen Service,

- Positionierung der Helmholtz-Zentren als privilegierte Partner im Innovationsgeschehen und Veränderung des Nachfrageverhaltens im Gesundheitsbereich,

- Realisierung zusätzlicher Einnahmequellen für die Helmholtz-Zentren und

- Beitrag zur Stärkung der Innovationskompetenz Deutschlands.

5.1.2 Strategische Positionierung

Die operative Marketingplanung orientiert sich an den vier Hebeln Bedürfnisintensität, Leistungsvorteile, Preisvorteile und Vermarktungsstärke. Zur Bestimmung der aktuellen Positionierung müssen dazu auf Basis der kritischen Erfolgsfaktoren und beschriebenen Barrieren begründete Annahmen getroffen werden, die je nach Unternehmen und den persönlichen Erfahrungen der Ansprechpartner abweichen können. Die derzeitige Preisposition wird aufgrund der vermeintlich hohen Transaktionskosten als teuer und die Leistungsposition als gleich gut im Vergleich zu anderen Forschungseinrichtungen eingestuft. Die Bedürfnisintensität dürfte im mittleren Bereich liegen, wobei Einflussfaktoren wie das „Not-invented-here"-Syndrom und der steigende Bedarf an externem Wissen entgegengesetzt wirken (vgl. Abb. 6).

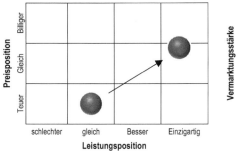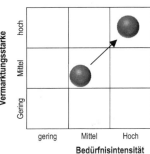

Abbildung 6: Strategische Positionierung des Technologietransfers

Für einen dauerhaften Markterfolg ist diese Position nicht haltbar. Im Detail ergeben sich verschiedene Ansatzpunkte für das Marketing, wobei Maßnahmen zur Steigerung der Bedürfnisintensität die größte Bedeutung haben. Für den Technologietransfer wird in Zukunft folgende strategische Positionierung angestrebt (vgl. Abb. 6):

- Einzigartige Leistung zu einem fairen Preis und

- hohe Bedürfnisintensität bei geringer bis mittlerer Vermarktungsstärke.

111

Die Ansprache intensiver Kundenbedürfnisse bildet die Grundlage, um einen Markt- bzw. Transfererfolg zu erzielen und setzt eine intensive Beschäftigung mit dem Kunden voraus. Im Rahmen dieser Arbeit kommen verschiedene strategische Ansätze zur Steigerung der Bedürfnisintensität in Frage: Ungelöste Kundenprobleme finden und lösen, neue Anwendungsfelder erschließen und die zeitliche, emotionale und imagemäßige Kundennähe verbessern (vgl. Tab. 11).

Strategischer Ansatz	Erläuterung
Ungelöste Probleme finden und lösen	Informationsdefizite beseitigen; Vorteile der Zusammenarbeit zur Realisierung innovativer Ansätze in Diagnose, Prävention und Therapie aufzeigen und belegen.
Neue Anwendungsfelder erschließen	Ausbau aller Kommunikationskanäle, die direkte persönliche Kontakte ermöglichen; Marktexploration für die Suche nach neuen Anwendungsfeldern.
Zeitliche Kundennähe verbessern	Anpassung der Arbeitsweise an die Kundenbedürfnisse, z. B. durch optimierte Reaktionszeiten und individualisierte Kommunikationskanäle.
Emotionale Kundennähe verbessern	Feste Ansprechpartner mit hohen wissenschaftlichen, wirtschaftlichen und kommunikativen Kompetenzen; adäquates Erscheinungsbild und gut aufbereitete Präsentationsunterlagen; starke Nutzen- und Kundenorientierung.
Imagemäßige Kundennähe verbessern	Eine gute Reputation und Positionierung der Helmholtz-Gemeinschaft als Problemlöser kann grundsätzlich die Kooperationsbereitschaft erhöhen, auch wenn das einzelne Transferereignis wenig davon beeinflusst wird.

Tabelle 11: Steigerung der Bedürfnisintensität

Unternehmen benötigen externes Wissen aus der Grundlagenforschung, um fundamentale Innovationen in Diagnose, Prävention und Therapie zu entwickeln. Entwicklungen wie die personalisierte Medizin werden neue Bedürfnisse erzeugen, zu deren Befriedigung die Helmholtz-Gesundheitsforschung wesentliche Beiträge leisten kann. Und schließlich resultiert aus dem Engpass Prozesskompetenz in den Unternehmen ein weiteres Kundenbedürfnis. Das ist ein Punkt, an dem das Relationship-Management wirkungsvoll ansetzen kann, denn an dieser Stelle werden konkrete, alltägliche Bedürfnisse und Probleme der Ansprechpartner im unternehmerischen Business Development adressiert.

Die Helmholtz-Zentren entwickeln einzigartige Ansätze zur Lösung drängender Probleme, deren wirtschaftliches Potenzial mit dem Nutzenportfolio (vgl. Kapitel 5.2) identifiziert werden kann. Die Leistungsposition wird vor allem durch die Erfindungsqualität beeinflusst.

Für das Marketing sind darüber hinaus noch zwei weitere Produktkomponenten relevant: Servicequalität und die Marke Helmholtz (vgl. Tab. 12).

Strategischer Ansatz	Beschreibung
Erfindungsqualität darstellen und belegen.	Ein Business Proposal mit definierten wissenschaftlichen Alleinstellungsmerkmalen sowie Problemlösungskompetenzen erleichtert die Ansprache von Partnern mit übereinstimmenden Bedarfsfeldern auf Unternehmensseite und Kompetenzfeldern auf Forschungsseite. Dargestellt werden müssen auch die Schutzrechtssituation und die Innovationsreife.
Wissenschaftsmarke Helmholtz stärken	Eine Qualitätsmarke mit guter Reputation macht Helmholtz-Zentren als Partner attraktiv und steigert das Vertrauen in die Leistungsfähigkeit der Forschungsarbeiten.
Servicequalität optimieren	Der Aufbau von Kompetenzen in der Servicequalität erhöht die Transferchancen und entkräftet gleichzeitig das Vorurteil der Bürokratie im öffentlichen Dienst. Für die Kunden entsteht durch die Unterstützung im Innovationsprozess ein echter Zusatznutzen. Die Leistungsposition kann weiter ausgebaut werden, indem die Forschungsorganisation ihre Expertise im öffentlichen Haushaltsrecht einbringt und das Unternehmen z. B. bei der Beantragung von Fördermitteln unterstützt.

Tabelle 12: Profilierung durch Leistungsvorteile

Der Technologietransfer in der Helmholtz-Gesundheitsforschung hat nicht das Ziel, hohe Gewinne abzuschöpfen, sondern soll dazu beitragen, dass Krankheiten besser verstanden und bekämpft werden können. Daher sollte der Preis so gewählt werden, dass der Innovationsprozess nicht behindert wird. Gleichzeitig soll ein angemessener direkter finanzieller Rückfluss erzielt werden, der aufgrund der vielfältigen indirekten Effekte auf die volkswirtschaftliche Wertschöpfung nicht kostendeckend sein muss.

Profitiert der Kunde von Kostenvorteilen aus der Nutzung externen Wissens der Helmholtz-Gemeinschaft, nimmt dessen grundsätzliche Kooperationsbereitschaft zu. Dass sich eine Forschungseinrichtung intensiv mit aktuellen und zukünftigen Kosten auseinandersetzt, wirkt sich zudem positiv auf Ansehen, Vertrauen und Akzeptanz bei den Unternehmensvertretern aus. Durch entsprechende vertragliche Regelungen ist sicherzustellen, dass Erfindungen von den Unternehmen tatsächlich weiterentwickelt werden und nicht nur zum Schutz eigener Produkte lizensiert werden. Solche Technologieblockaden sind nicht mit der öffentlichen Aufgabe der Helmholtz-Zentren vereinbar.

Maßgeblich für die Wahrnehmung der Kosten auf Kundenseite sind vor allem die Transaktionskosten. Ansätze zur Verringerung dieser Kosten ermöglichen daher eine Profilierung durch Preisvorteile. Dazu gehören Validierungsmaßnahmen zur Erhöhung der Innovationsreife, klare Eigentumsverhältnisse der IP, präzise Verträge und Rahmenvereinbarungen, Erfahrungskurveneffekte sowie die richtige Mischung aus Down Payments und Royalties (vgl. Tab. 13).

Strategischer Ansatz	Beschreibung
Innovationsreife erhöhen	Je geringer der F&E-Aufwand bis zur Marktreife ist, desto niedriger sind die Transaktionskosten und das unternehmerische Risiko. Mit Mitteln der Validierungsförderung kann die Innovationsreife erhöht werden. Wichtig ist vor allem ein Proof of Concept.
Eigentumsverhältnisse der aktueller und zukünftiger IP klären	Vor der Vermarktung sind die Eigentumsverhältnisse aktueller und zukünftiger IP zu klären. In komplexen öffentlichen Forschungsvorhaben mit vielen gleichrangigen Partnern, kann die Schutzrechtsfrage sehr komplex sein. Auch das Risiko durch neuigkeitsgefährdende Publikationen muss transparent gemacht werden.
Präzise Verträge abschließen	Verträge müssen Leistungen, Meilensteine und Pflichten sowie eine eventuelle Gewinnverwendung regeln, so dass alle Partner von der Kooperation profitieren und zukünftige Forschungsarbeiten nicht eingeschränkt werden.
Rahmenvereinbarungen abschließen und Musterverträge verwenden	Rahmenvereinbarungen und standardisierte Verträge verringern den bürokratischen Aufwand und beschleunigen Innovationsprozesse. Später hinzukommende Einzelvorhaben können unter dem Dach von Rahmenvereinbarungen schnell und einfach integriert werden. Wichtige Regelungen betreffen Rechte an gemeinsamen Erfindungen, Geheimhaltungspflichten und die Veröffentlichung in wissenschaftlichen Publikationen.
Royalties erst bei Markteintritt einfordern	In der Entwicklungsphase sollten an Meilensteine gekoppelte Down Payments primär den aktuellen Aufwand decken. Erst wenn Umsätze generiert werden, sollen Royalties, z. B. absatzabhängige Stücklizenzen, gezahlt werden.
Erfahrungskurveneffekte nutzen	Wenn bestimmte Forschungsinhalte nicht zu den Kernkompetenzen eines Unternehmens gehören, kann es wirtschaftlich sinnvoller sein, auf das Know-how der Helmholtz-Zentren zurückzugreifen, die bestimmte Forschungsaufgaben in großem Maßstab bearbeiten.

Tabelle 13: Profilierung durch Preisvorteile

Einrichtungen der öffentlichen Hand wie Helmholtz-Zentren können die Vermarktungsstärke aus finanziellen und haushaltsrechtlichen Gründen nur begrenzt steigern und bestimmte Kommunikationsformen wie z. B. Werbung sind nahezu ausgeschlossen. Daher müssen die finanziellen und personellen Ressourcen auf die richtigen Kommunikationsinstrumente konzentriert werden. Wie die Expertenbefragung ergab, sind das vor allem Instrumente, die den persönlichen Kontakt fördern. Daher wird dieser Aspekt mit dem Key-Account-Management in einem eigenen Kapitel ausführlich betrachtet (Kapitel 5.3) und im Absatzkonzept (Kapitel 5.4) weiter vertieft. PR-Instrumente wie Presse- und Medienarbeit, Newsletter oder das Internet haben zwar für das einzelne Technologieprojekt nur eine geringe Bedeutung, können aber flankierend wirken, da sie ohnehin von den Helmholtz-Zentren bedient werden. Zudem tragen ein hoher Bekanntheitsgrad und eine gute Reputation dazu bei, Technologiegesuche auszulösen. Einen Überblick über Ansätze zur Steigerung der Vermarktungsstärke gibt Tab. 14.

Strategischer Ansatz	Beschreibung
Public Relations	Eine begleitende PR stärkt die kommunikative Vermarktungsstärke und flankiert den Technologietransfer durch den Aufbau von Bekanntheit, Image und Reputation sowie die Schaffung von Vertrauen durch eine Qualitätsmarke. Relevant sind dazu vor allem die Presse- und Medienarbeit und ein guter Internet-Auftritt.
Key-Account-Management	Für erklärungsbedürftige Güter wie im Technologietransfer ist der persönliche Verkauf durch ein Key-Account-Management das wirksamste Instrument (vgl. Kapitel 5.3.2).
Verkaufsförderung	Unter den Instrumenten der Verkaufsförderung sind die besonders geeignet, die einen Erstkontakt mit potenziellen Kunden erleichtern oder bestehende Kundenbindungen festigen. Dazu gehören Partnering-Veranstaltungen (vgl. Kapitel 5.3.3) und ein Friends & Family-Programm (vgl. Kapitel 5.3.4).
Akquisitorische Distribution	Aufgrund der Komplexität des Technologietransfers ist als Akquisitionsschiene nur der akt ve Verkauf geeignet, der sich an den Kundenbedürfnissen orientiert (vgl. Kapitel 5.4.1). Weiterhin ist ein Ausbau der Kompetenzen im Verkauf erforderlich.

Tabelle 14: Steigerung der Vermakrtungsstärke

Ein negativer Effekt auf die Vermarktungsstärke resultiert aus dem in der Wissenschaft weit verbreiteten Phänomen, für jedes noch so kleine Projekt einen eigenen Markenauftritt zu entwickeln. Diese „Logomanie" wird zum Teil durch Förderprogramme der EU zusätzlich unterstützt. Insbesondere die zurzeit intensiv geförderte Schaffung neuer organisationsübergreifender Verbünde aus gleichberechtigten Partnern führt zu neuen Strukturen, die zwar einen eigenem Auftritt entwickeln, aber kein Markenpotenzial besitzen. Daraus resultiert eine zunehmende Markenfragmentierung in der deutschen Wissenschaft, die viel Geld kostet und die nationale und internationale Sichtbarkeit der Forschungseinrichtungen und Organisationen und damit auch auf den Technologietransfer erheblich schwächt.[117]

5.2 Nutzenportfolio

Das Nutzenportfolio unterstützt die Identifikation und Selektion von Forschungsprojekten und -ergebnissen mit Transfer- und Anwendungspotenzial und informiert das Management darüber, welches Angebot überhaupt zur Verfügung steht.[118] Bei Projekten mit einem hohen Nutzenpotenzial bestehen gute Chancen, dass daraus marktfähige Produkte und Verfahren entwickelt werden können. Das Nutzenportfolio bildet damit einen ersten institutionellen Filter für den Technologietransfer, da es potenziell verwertbare Ergebnisse vom Großteil der Forschungsergebnisse abgrenzt, die über kein unmittelbares kommerzielles Potenzial verfügen. Die Analyse erfolgt bereichsübergreifend und betrachtet alle Projekte. Dadurch wird verhindert, dass nur die scheinbar marktnahen Projekte in das Auswahlverfahren gelangen.

Neben der systematischen Portfolio-Analyse müssen zusätzlich eigene Initiativen der Wissenschaftler aufgegriffen und bewertet werden. Solche Projekte können sehr erfolgreich sein, da neben der hohen intrinsischen Motivation häufig bereits gute Kontakte zu potenziellen Kunden bestehen. Eine kritische Bewertung ist jedoch unbedingt vorzunehmen, denn viele Wissenschaftler überschätzen die Marktchancen eigener Erfindungen und Projekte. Da neue Erkenntnisse eine ganze Forschungsdisziplin beeinflussen können, muss die Analyse jährlich überprüft und angepasst werden.[119]

---

[117] Nach eigenen Schätzungen entwickeln die 220 deutschen Hochschulen und 500 außeruniversitären Institute rund 2700 Logos jährlich, was einem Aufwand von mindestens 27 Millionen Euro entspricht.

[118] Zur Portfolio-Analyse vgl. vorne und die dort zitierte Literatur.

[119] Z. B. hat die bereits erwähnte Entdeckung, dass bestimmte Viren Krebs auslösen können, die Entwicklung von Impfstoffen gegen Gebärmutterhalskrebs initiiert. Ein anderes Beispiel ist gezielte Zerstörung von Tumorzellen durch Ionenstrahlen, die in großen Teilchenbeschleunigern erzeugt werden. Dies hat zum Bau neuartiger Bestrahlungsgeräte für die Krebstherapie geführt.

Die beiden Portfolio-Achsen werden entsprechend der Nutzenorientierung und der üblichen Praxis in der Wirtschaft als relative Wettbewerbsposition (x-Achse)und als Marktattraktivität (y-Achse) bezeichnet. Die Kriterien, insbesondere für die relative Wettbewerbsposition, werden aus den kritischen Erfolgsfaktoren abgeleitet und vor der Einführung abschließend mit den Führungskräften diskutiert. Als vorteilhaft erweist sich, dass die zur Beurteilung notwendigen Informationen durch interne und externe Begutachtungen, Projektanträge und die Programmorientierte Förderung bereits verfügbar sind. Aus den Beschreibungen der strategischen Relevanz eines Vorhabens können zudem Rückschlüsse auf die Marktattraktivität gezogen werden. Durch die Nutzung verfügbarer Informationen werden die Wissenschaftler in dieser Phase zeitlich wenig beansprucht, was sich positiv auf die Akzeptanz für Transferprojekte auswirken kann.

Mit der Dimension relative Wettbewerbsposition werden die Stärken und Schwächen der Forschungseinrichtung im Vergleich zu den wichtigsten Wettbewerbern beurteilt. Diese vom Management steuerbare Dimension wird vor allem durch das Know-how und die eigenen Ressourcen bestimmt. Im Rahmen dieser Arbeit relevante Kriterien sind die Schutzrechtssituation, die aufgrund der großen Bedeutung mit 40 % in die Beurteilung eingeht, sowie die interne Kooperationsbereitschaft, die wissenschaftliche Qualität und die Innovationsreife, die mit je 20 % gewichtet werden.

Mit der Dimension Marktattraktivität werden die Verwertungschancen beurteilt. Wichtige Informationen liefern dazu sekundäre Quellen wie Studien der World Health Organisation, Daten von Branchenverbänden, Geschäftsberichte, Patentanalysen und wissenschaftliche Kongresse. Die Kriterien dieser Dimension sind Unmet Medical Need und wirtschaftliches Potenzial, die die Marktattraktivität stark beeinflussen und daher mit je 35 % gewichtet werden, sowie die Kriterien Zahl der Wettbewerber und Innovationsgrad, die mit je 15 % gewichtet werden. Die Kriterien beider Achsendimensionen definiert Tab. 15 und die Skalierung zur Beurteilung wird im Anhang (Tab. 19) erläutert.

Relative Wettbewerbsposition	
Schutzrechtssituation	Schutzrechte sind eine wesentliche Voraussetzung für die ökonomische Verwertung. Beurteilt werden Patentierbarkeit der Erfindungen, Eigentumsverhältnisse und Patente.
Interne Kooperationsbereitschaft	Commitment der Wissenschaftler zu Kooperationen mit der Industrie. In die Bewertung fließen die persönliche Bereitschaft sowie Anzahl und Volumen bereits erfolgreich abgeschlossener Kooperationsprojekte ein.
Wissenschaftliche Qualität	Leistungsfähigkeit und Know-how der Wissenschaftler auf der Grundlage externer und interner Evaluationen oder einer bibliometrischen Analyse.[120]
Innovationsreife	Beschreibt Entwicklungsstand und Ausmaß der noch erforderlichen kosten- und zeitintensiven F&E-Arbeiten bis zur Marktreife und ist ein Indikator für das unternehmerische Risiko. Die Bewertung basiert im Wesentlichen auf Einschätzungen der Wissenschaftler und vorhandenen Gutachten. Durch eine Validierungsförderung kann die Innovationsreife erhöht werden.
Marktattraktivität	
Unmet Medical Need	Indikationen, für die keine oder nur eine stark verbesserungsbedürftige Therapieoption existiert. Bei armutsbedingten Krankheiten ist zu berücksichtigen, dass häufig ein hoher Bedarf bei gleichzeitig geringem wirtschaftlichem Potenzial besteht.
Wirtschaftliches Potenzial	Potenzielles Marktvolumen für ein neues Produkt aufgrund der Größe des Absatzmarktes (z. B. Umsatz bisheriger Medikamente für eine bestimmte Indikation) und der Anwendungsbreite (Erschließen verschiedener Märkte).
Zahl der Wettbewerber	Zahl der Forschungseinrichtungen, die weltweit mit den identifizierten Projekten um Verwertungschancen konkurrieren.
Innovationsgrad	Neuigkeitsgrad der mit der Erfindung verbundenen Innovation.

Tabelle 15: Kriterien für das Nutzenportfolio

Wenn der relevante Markt und damit auch die Marktattraktivität nicht ermittelt werden können, kann eine Marktexploration helfen: Dazu erhalten ausgewählte Mitglieder aus dem Netzwerk Friends & Family (Kapitel 5.3.4) ein kurzes Profil des Forschungsprojekts zugeschickt und werden gebeten, mögliche Anwendungsfelder zu identifizieren. Zusätzlich können z. B. Zukunftprognosen, Studien zur Technologiefolgenabschätzung oder Foresight-Prozesse als weitere Quellen analysiert werden.

In der Praxis sollen die Forschungsprojekte aufgrund der Subjektivität des Verfahrens einmal jährlich durch eine Gruppe von Führungskräften und Fachexperten beurteilt werden. Um zu verhindern, dass eine Mehrheitsmeinung

---

[120] Die Bibliometrie bewertet wissenschaftliche Qualität auf Grundlage statistischer Analysen von Fachpublikationen.

den Prozess dominiert, sollte eine parallele Beurteilung in mehreren kleinen Teams erfolgen, die sich aus Mitarbeitern unterschiedlicher Qualifikationen, Sichtweisen und Hierarchiestufen zusammensetzen. Dabei ist Expertise wichtiger als die Stellung im Helmholtz-Zentrum. Fachexperten können vor allem wissenschaftliche und technologische Aspekte einschätzen, Forschungsmanager auch Aspekte der Zielerreichung. Dazu kommen als weitere Teammitglieder Vertreter des wissenschaftlichen Controllings und unternehmensexterne Experten, z. B. aus dem wissenschaftlichen Beirat. Das gesamte Verfahren wird von den Mitarbeitern im Technologietransfer vorbereitet und moderiert. Damit der Prozess die notwendige Akzeptanz und Unterstützung erfährt, erfolgen die Auswahl der Teammitglieder und die Zusammenführung der Ergebnisse in enger Abstimmung mit der Geschäftsführung.[121]

Jedes Projekt wird mit Hilfe von Beurteilungsbögen bewertet. Die ermittelten Punkte für jedes Projekt werden addiert und entsprechend der Koordinaten in das Portfolio übertragen.[122] Der Kreisdurchmesser visualisiert die Finanzkraft eines Forschungsprojektes und gibt Hinweise auf die vorhandenen Kapazitäten und den bisher betriebenen Forschungsaufwand. Die Finanzkraft setzt sich aus den drei Segmenten institutionelle Förderung, öffentliche und industrielle Drittmittel zusammen.

Aus den verschiedenen Positionen im Portfolio lassen sich Normstrategien ableiten, die Handlungsempfehlungen für das Management darstellen (vgl. Abb. 7):

---

[121] Zur Auswahl der richtigen Messträger vgl. Gerpott (2005, S. 95ff.). Die Ergebnisse, die sich aus der Überführung der wissenschaftlichen Begutachtungen in eine quantitative Skala ergeben, können zusätzlich vom Management genutzt werden, um Portfolios zur Steuerung der Forschungsleistung zu erstellen. Dieser Aspekt wird im Rahmen dieser Arbeite aber nicht weiter bearbeitet.

[122] Zur Erstellung der Formulare vgl. Anonymus (o.J.). Einen Auszug aus einem beispielhaften Beurteilungsbogen zeigt Tab. 20 im Anhang.

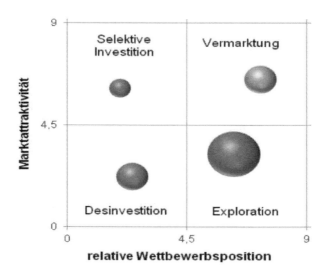

Abbildung 7: Beispielhaftes Nutzenportfolio

- Vermarktung: Projekte im Feld rechts oben verfügen über ein sehr hohes Nutzenpotenzial. Sie sollten mit höchster Priorität bearbeitet werden und die Ressourcen für den Technologietransfer sind auf diese Projekte zu konzentrieren. Bei Bedarf sind für die einzelnen Erfindungen Schutzrechte anzumelden und zusätzliche Wertsteigerungsmaßnahmen vorzunehmen.

- Desinvestition: Projekte im Feld links unten haben ein sehr geringes Nutzenpotenzial und nur geringe Transferchancen. Wenn diese Projekte keine wichtigen Supportfunktionen erfüllen und zugleich die wissenschaftliche Leistung unbefriedigend ist, sollten die Forschungsanstrengungen eingestellt werden.

- Exploration: Projekte im Feld rechts unten haben eine exzellente Wettbewerbsposition. Daher sollte regelmäßig eine Marktexploration durchgeführt werden, um neue Anwendungsfelder zu finden. Es bieten sich verschiedene selektive Strategien an: 1. Führt die Marktexploration zu einer höheren Neubewertung der Marktattraktivität, empfiehlt sich ein Vorgehen nach der Vermarktungsstrategie. 2. Führt die Marktexploration bei exzellenter wissenschaftlicher Qualität nicht zu einer höheren Neubewertung der Marktattraktivität, so sind die Ressourcen auf die reine Grundlagenforschung zu konzentrieren. Entsprechend sind Aufwendungen in Schutzrechte und zur Steigerung der Innovationsreife zu reduzieren. Aufgrund der Dynamik im Gesundheitsbereich muss dieser Prozess regelmäßig wiederholt werden. 3. Wenn bei erfolgloser Marktexploration zugleich die wissenschaftliche Qualität unzureichend ist, ist entsprechend der Desinvestitionsstrategie zu verfahren.

- Selektive Investition: Für Projekte im Feld links oben bieten sich zwei selektive Strategien an: 1. Wenn für das Projekt eine Verbesserung der Wettbewerbsposition aussichtsreich ist, sollte entsprechend der Investitionsstrategie verfahren werden. Investitionen können z. B. im Bereich von Schutzrechten und Machbarkeitsstudien liegen. Typisch ist diese Position für Projekte in Forschungsfeldern, in denen die Expertise noch aufgebaut werden muss. 2. Wenn sich die Wettbewerbsposition nicht verbessern lässt, z. B. weil nicht lösbare Konflikte bezüglich der Eigentumsverhältnisse der IP bestehen, so ist in Abhängigkeit von der wissenschaftlichen Qualität entweder ein Vorgehen nach der Desinvestitionsstrategie oder eine Konzentration der Ressourcen auf die Grundlagenforschung empfehlenswert.

5.3 Key-Account-Management

Die Initiierung und aktive Gestaltung langfristiger Geschäftsbeziehungen zwischen Helmholtz-Zentren und Unternehmen ist eine Kernaufgabe des Technologietransfers. Diese Aufgabe wird vom Key-Account-Management (KAM) wahrgenommen, das in der Wirtschaft das Pendant zum Promotorenmodell bildet. Sowohl die Expertenbefragung als auch die ermittelten kritischen Erfolgsfaktoren für die Beziehungsqualität zeigen die Bedeutung von festen Ansprechpartnern im Technologietransfer. Persönliche Kontakte auf verschiedenen Hierarchie-Ebenen tragen dazu bei, Transferereignisse erfolgreich vorzubereiten und maßgeschneiderte Leistungspakete zu entwickeln. Zudem wird darüber hinaus auch das Verständnis für die jeweils andere Arbeitsweise und die Strukturen von Unternehmen und Forschungseinrichtungen generiert.

Wesentliche Aufgaben des KAM sind die strategische Segmentierung und systematische Selektion von Unternehmen zu einem bestimmten Projekt bzw. einer bestimmten Erfindung mit Hilfe von Kundenportfolios (Kapitel 5.3.1), der Aufbau und die Pflege von Beziehungen mit dem Marktmodell (Kapitel 5.3.2), die Organisation von verkaufsfördernden Maßnahmen wie Partnering-Veranstaltungen (Kapitel 5.3.3) oder dem Programm Friends & Family (Kapitel 5.3.4) sowie das interne Marketing (Kapitel 5.3.5). Die Vorgehensweise zur Markbearbeitungsstrategie, zum Transfer-Controlling und zur strukturellen Umsetzung wird in den Kapiteln Absatz-Konzept (Kapitel 5.4) sowie Struktur und Organisation (Kapitel 5.5) beschrieben.

5.3.1 Kundenportfolio

Erfolgreicher Transfer bedarf einer systematischen Marktforschung, um für ein Projekt mit großem Nutzenpotenzial genau den richtigen Partner aus der Wirtschaft zu identifizieren und diesem ein maßgeschneidertes Angebot machen zu können. Die Suche nach geeigneten Partnern ist ein komplexes Unterfangen, das gute Branchenkenntnisse erfordert. Mit dem Kundenportfolio erhält das Management dazu ein geeignetes Instrument, das für jedes Forschungsprojekt erstellt werden muss. Erfolg versprechend sind vor allem komplementäre Kooperationen, bei denen die Forschungsleistungen und die Bedürfnisse der Unternehmen in technologischer, strategischer und kultureller Sicht überein-stimmen und zu einer „Win-win"-Situation führen können.[123]

Beim Kundenportfolio werden die Achsendimensionen für die externen Einflusskräfte als Kundenattraktivität und für die internen Stärken und

---

[123] Zur Selektion von Partnern vgl. Baaken (2009, S. 44ff.) und Gerpott (2005, S. 258f., 268ff.).

Schwächen als relative Wettbewerbsposition bezeichnet.[124] Mit der Dimension relative Wettbewerbsposition auf der x-Achse wird die Vorteilhaftigkeit einer Kooperation mit dem Helmholtz-Zentrum im Vergleich zu anderen Einrichtungen beurteilt. Für diese Arbeit relevante Kriterien sind die strategische, die technologische und die kulturelle Kompatibilität. Da an kulturellen Unterschieden ein herausragendes Projekt seltener scheitert, wird dieses Kriterium mit 20 % gewichtet, die beiden ersten mit je 40 %. Mit der Dimension Kundenattraktivität auf der y-Achse wird die Attraktivität von Unternehmen für Transferprojekte beurteilt. Relevante Kriterien in dieser Arbeit sind dazu Kompetenzposition, Kooperationshaltung sowie Absorptionsfähigkeit/ Finanzkraft. Aufgrund der großen Bedeutung wird die Kompetenzposition mit 40 % gewichtet, die anderen beiden Kriterien jeweils mit 30 %.

Die Kriterien für beide Dimensionen des Kundenportfolios werden aus den kritischen Erfolgsfaktoren und der Situationsanalyse, insbesondere zu den Innovationsprozessen, abgeleitet. Die Kriterien beider Dimensionen definiert Tab. 16 und die Skalierung zur Beurteilung wird in Tab. 21 im Anhang erläutert.

Auch das Kundenportfolio soll nicht von einzelnen Personen bewertet werden. Aufgrund der in einem Helmholtz-Zentrum kaum vorhandenen Marktexpertise ist diese Tätigkeit jedoch weitgehend auf Mitarbeiter im Umfeld des Technologietransfers beschränkt. Zur Beurteilung der Kundenattraktivität müssen vor allem sekundäre Quellen wie Geschäfts- und Quartalsberichte, Patentdatenbanken, Medienberichterstattung und Internetrecherchen herangezogen werden. Ebenfalls in die Analyse fließen die Verbindungen und Erfahrungswerte der eigenen Mitarbeiter ein. Auch eine Kundenexploration über das Friends & Family-Netzwerk kann wertvolle Hinweise geben. In vielen Fällen wird es darüber hinaus erforderlich sein, für Marktrecherchen spezialisierte Beratungsunternehmen zu engagieren, die über gute Branchenkenntnisse und -verbindungen verfügen. Insbesondere die Recherche nach Kernkompetenzen und zukünftigen Geschäftsfeldern kann sich nicht nur auf Fakten stützen, sondern muss auch

---

[124] Das Vorgehen bei der Erstellung ähnelt dem Nutzenportfolio und wird hier verkürzt dargestellt.

Gerüchten und Vermutungen nachgehen. Mangels kritischer Masse ist es aus wirtschaftlichen Gründen nicht sinnvoll, diese Kompetenzen im Helmholtz-Zentrum selbst aufzubauen.

Relative Wettbewerbsposition	
Strategische Kompatibilität	Ausmaß der beiderseitigen Vorteile, die sich aus einer Kooperation ergeben. Z. B. können neue Therapieansätze gleichzeitig drängende medizinische Probleme lösen und einem Unternehmen neue Marktchancen eröffnen oder die Erlös- und Kostenstruktur verbessern.
Technologische Kompatibilität	Vereinbarkeit der Technologie, Forschungsaktivitäten und Qualität der Mitarbeiter mit den Anforderungen und Bedürfnissen des Unternehmens.
Kulturelle Kompatibilität	Ähnlichkeit der beiden Unternehmenskulturen, z. B. Führungs-und Kooperations-verhalten, Reaktionszeiten, Wertesystem und Verhalten bei Konflikten.
Kundenattraktivität	
Kompetenzposition	Ausmaß der unternehmerischen Kompetenzen und das Synergiepotenzial. Eine große Bedeutung haben wettbewerbsrelevante Kernkompetenzen und Kernprodukte, die Unternehmen in der Regel selbst kontrollieren wollen. Bei hoher eigener Kompetenz und bereits etablierten Produkten besteht zudem das Risiko, dass eine Weiterentwicklung der Forschungsergebnisse verhindert werden soll. Daher ist der Marktführer häufig nicht der optimale Kooperationspartner. In dieses Kriterium geht auch eine hohe Reputation ein, die Kunden zu wichtigen Referenzen macht, selbst wenn das Transfervolumen gering ist.
Kooperationshal-tung	Offenheit des Unternehmens gegenüber Kooperationen mit öffentlichen Forschungseinrichtungen und Fairness im Umgang mit dem Kooperationspartner.
Absorptionsfähig-keit und Finanzkraft	Fähigkeit eines Unternehmens, den Wert neuer externer Informationen zu erkennen, zu assimilieren und zu nutzen. Aufgrund der hohen Kosten für klinische Prüfungen ist zudem eine ausreichend große Finanzkraft erforderlich. Dabei muss immer die heutige und die zukünftige Markt- und Wettbewerbssituation berücksichtigt werden. Eine relevante Kennzahl zur Beurteilung der Finanzkraft ist die Cashflow-Marge.

Tabelle 16: Kriterien für das Kundenportfolio

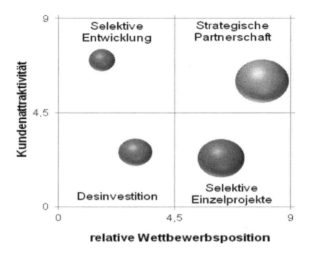

Abbildung 8: Beispielhaftes Kundenportfolio

Auch beim Kundenportfolio werden die Punkte der Kriterien für jeden Kunden addiert und in ein 4-Felder-Portfolio übertragen. Der Kreisdurchmesser visualisiert dabei den Umsatz der Unternehmen.[125] Aus der Position im Kundenportfolio lassen sich für verschiedene Kunden Normstrategien ableiten, die dem Management Handlungsempfehlungen geben:

- Strategische Partnerschaft: Unternehmen, im Feld rechts oben sind in hohem Maß kompatibel mit dem Forschungsprojekt im Helmholtz-Zentrum, so dass Technologietransferprojekte sehr Erfolg versprechend sind. Solche Unternehmen werden vom Key-Account-Management betreut und es wird eine langfristige Partnerschaft angestrebt. Werden mehrere Projekte realisiert, kann die Kooperation zu einer strategischen Allianz ausgebaut werden.

---

[125]Bei einer detaillierteren Analyse sollte neben dem Umsatz der prozentuale Deckungsbeitrag als Kreissegment dargestellt und die wirtschaftliche Situation des potenziellen Kunden ermittelt werden.

- Desinvestition: Mit Unternehmen im Feld links unten werden nur kleine Einzelprojekte durchgeführt, die im Wesentlichen aus der Initiative von Wissenschaftlern der Forschungseinrichtung bzw. der F&E des Unternehmens resultieren. Solche meist kleineren Projekte sollten durch Standardverträge abgesichert und vollständig von Verwertungsagenturen betreut werden. Die Geschäftsbeziehung wird dezentral auf der Arbeitsebene gesteuert und ganz eingestellt, falls die Kontakte beendet werden.

- Selektive Einzelprojekte: Bei Unternehmen im Feld rechts unten hat das Helmholtz-Zentrum eine ausgezeichnete Wettbewerbsposition. Diese Unternehmen sind jedoch insgesamt nur wenig attraktiv, so dass sich eine Zusammenarbeit auf ausgewählten Forschungsfeldern anbietet. Je nach dem Ergebnis weiterer Analysen wird eine strategische Partnerschaft angestrebt oder desinvestiert.

- Selektive Entwicklung: Unternehmen im Feld links oben sind sehr attraktive Kunden bei schwieriger Ausgangslage. Um diese Kunden zu gewinnen, muss das Helmholtz-Zentrum seine Wettbewerbsposition entweder ausbauen oder eine strategische Allianz mit einer anderen Forschungseinrichtung eingehen. Kann die Position nicht ausgebaut werden oder steht sie im Widerspruch zu den Forschungsaktivitäten, ist entsprechend der Desinvestitionsstrategie zu verfahren.

5.3.2 Marktmodell

Die Schlüsselkunden oder Key-Accounts sind Unternehmen, mit denen eine langfristige strategische Partnerschaft aufgebaut und weiter entwickelt werden soll. Diese Kunden haben eine besonders große Bedeutung nicht nur für den Technologietransfer, sondern für die Forschungseinrichtung insgesamt. Daher können solche Beziehungen nicht mehr dezentral durch die beteiligten Wissenschaftler gesteuert werden, sondern müssen an ein zentrales KAM übergeben werden.

Im KAM bilden die Key-Account-Manager als Beziehungspromotoren die zentralen Ansprechpartner. Sie begleiten den Transferprozess und steuern den Einsatz von Machtpromotoren wie den Vorständen der Helmholtz-Zentren oder von Fachpromotoren wie den beteiligten Wissenschaftlern. Darüber hinaus organisieren sie die Zusammenarbeit mit Prozesspromotoren auf der Seite der Unternehmenspartner. In fast allen forschenden Pharmaunternehmen gibt es eigenständige Abteilungen für die Zusammenarbeit mit externen Partnern, die meist von Bereichen wie „Business Development" oder „Lizenzen und Kooperationen" übernommen werden. Aus diesen Abteilungen rekrutieren sich die primären Ansprechpartner für das KAM.

Das KAM muss über ausreichendes Wissen über aktuelle und potenzielle Kooperationspartner verfügen, das in einer Kundenanalyse ermittelt wird. Dazu gehören Analysen von Kundenstrukturen wie wirtschaftliche Verpflichtungen, Beteiligungen, Niederlassungen und Zuständigkeiten, Beziehungsanalysen bezüglich der Hierarchien und informellen Meinungsführerschaften sowie der Entscheidungsstrukturen, Analysen der Strategie und der Wertschöpfungskette bezüglich der Bedürfnisse und Erwartungen und schließlich Analysen persönlicher rationaler und emotionaler Bedürfnisse auf Unternehmensseite.[126]

Um eine individuelle Kundenansprache durch das KAM zu ermöglichen, muss eine Kundendatenbank aufgebaut werden. Zu den kundenrelevanten Daten gehören die Kontaktdaten, die Historie der Geschäftsbeziehung und persönliche Informationen zu den jeweiligen Ansprechpartnern beim Kunden. Die Berücksichtigung individueller Vorlieben wirkt sich positiv auf eine Geschäftsbeziehung aus, z. B. ob eine Präferenz für E-Mails oder Briefe bzw. für Telefonate oder persönliche Gespräche besteht oder der Ansprechpartner besonderen Wert auf die Beachtung von Kleidungskonventionen legt. Zusätzlich erlaubt der Zugriff auf persönliche Daten den Versand z.B. von Glückwünschen zu Geburtstagen oder wichtigen Familienereignissen.

---

[126]Vgl. Belz et al. (2008, S. 57ff.).

Dadurch, dass der Key-Account-Manager die Ziele, Strategie und Anforderungen der Partner kennt, wird die Investitions- und Kooperationsbereitschaft bei potenziellen und bereits etablierten Kunden verstärkt. Auf Forschungsseite müssen dazu alle Einzelkooperationsprojekte, Beraterverträge und Forschungsaufträge systematisch erfasst werden, damit der Key-Account-Manager dafür Sorge tragen kann, dass die Informationen nach Form und Inhalt auch die richtigen Adressaten erreichen.

Von großer Bedeutung ist die interne Beziehungspflege mit den beteiligten Wissenschaftlern, denn diese verfügen selbst über ein umfangreiches Netzwerk mit eigenen, zum Teil langjährigen Kontakten und sind gleichzeitig eine übergeordnete Steuerung und Kontrolle nicht gewohnt. Zum Teil werden Kontakte als „persönliches Eigentum" betrachtet und es besteht eine geringe Bereitschaft, dieses Wissen zu teilen. Ein Key-Account-Management muss daher sehr behutsam implementiert werden. Dazu müssen zunächst die wichtigsten internen Meinungsbildner vom Nutzen dieses Instruments überzeugt werden. In diesem Prozess muss verdeutlicht werden, dass das KAM Partnerschaften mit Unternehmen auf der strategischen Ebene gestaltet und dass dadurch die Kontaktpflege auf Arbeitsebene unterstützt und gefördert wird. Eine funktionierende Geschäftsbeziehung auf fachlicher Ebene ist eine notwendige Bedingung für einen erfolgreichen Technologietransfer und bildet dessen wesentliche Antriebsfeder. Daher sind die Wissenschaftler als interne Kunden für das KAM zu betrachten und Transfererfolge immer auch als Erfolg der beteiligten Wissenschaftler zu kommunizieren.

Der wissenschaftliche Vorstand muss die Technologietransfer-Aktivitäten unterstützen und kann als interner Machtpromotor gezielt aktive Wissenschaftler und viel versprechende Projekte beim Aufbau einer Kooperation mit der Wirtschaft begleiten und zusätzliche Ressourcen bereitstellen. Neben verschiedenen internen Ansprechpartnern muss das KAM bei allen Marketing- und Vertriebsentscheidungen auch die Struktur des Buying-Centers auf Unternehmensseite berücksichtigen, da dessen Mitglieder in ganz unterschiedlicher Weise den Transferprozess beeinflussen können und häufig divergierende Ansichten vertreten. Zentraler Ansprechpartner für Technologietransferaktivitäten ist das Business Development, das in der Regel Transferprojekte bewertet, initiiert und das Projektmanagement übernimmt. Wenn das Business Development von einem Projekt nicht überzeugt ist, wird dieses nur in seltenen Fällen realisiert werden.

Die Wissenschaftler der F&E des Unternehmens sind interne Kunden des Business Developments. Nur wenn die Entwickler im Unternehmen Interesse an einem Transferprojekt haben, bestehen Chancen auf eine erfolgreiche Durchführung. Daher muss das Key-Account-Management das unternehmerische Business Development bei der Gewinnung seiner internen Kunden unterstützen, z. B. durch entsprechendes Informationsmaterial oder zusätzliche Präsentationen der beteiligten Wissenschaftler. Als Machtpromotoren müssen insbesondere bei strategischen Partnerschaften auch die Vorstände beider Partner gewonnen werden, damit die finanziellen Ressourcen zur Verfügung stehen und das Transferprojekt mit der notwendigen Priorität bearbeitet wird. Zusätzlich sind noch Entscheidungsbeeinflusser wie langjährige Mitarbeiter, Vertrauenspersonen und Gatekeeper zu erfassen. Die umfassende Analyse des Buying Centers kann zudem dazu führen, bisher unbekannte und ungenutzte Kontaktmöglichkeit zu identifizieren.

Ein gemeinsames Projektmanagement der beteiligten Partner stellt sicher, dass die Transferprojekte ergebnisorientiert durchgeführt werden. Die Projektleitung liegt in der Initiierungsphase beim Key-Account-Manager des Helmholtz-Zentrums und wird mit Eintritt in die Arbeitsphase an das Business Development des Unternehmens übergeben. Als Steuerungs- und Überwachungsgremium wird ein Lenkungsausschuss implementiert, der über Ziele, Meilensteine, zu erbringende Leistungspakete, die Informationspolitik und einen möglichen Projektabbruch entscheidet. Dem Lenkungsausschuss gehören je nach Größe der Organisation entweder die Leiter des Business Developments bzw. der vergleichbaren Struktur oder die für Forschung zuständigen Mitglieder der Geschäftsleitung an. Wird das Transferprojekt extern finanziert, gehört dem Lenkungsausschuss auch ein Vertreter der Kapitalgeber an.

5.3.3 Partnering-Veranstaltungen

Partnering-Konferenzen und informelle Treffen sind unverzichtbar, um neue Kontakte aufzubauen oder in bestehenden Geschäftsbeziehungen zukünftige Transferprojekte zu initiieren. Die Organisation von formellen und informellen Treffen gehört daher zu den wesentlichen Aufgaben der Key-Account-Manager.

Insbesondere die großen etablierten Partnering-Konferenzen werden auch von den Mitarbeitern der Unternehmen regelmäßig besucht und intensiv genutzt, da in sehr kurzer Zeit eine Vielzahl von Offerten geprüft werden kann. Ist eine Offerte viel versprechend, können die Gespräche am Rande der Konferenz oder zu einem späteren Zeitpunkt fortgesetzt werden. Die Teilnahme an solchen Konferenzen erfordert eine sehr gute Vorbereitung, denn jedes potenzielle Transferprojekt muss in einem kurzen Business Proposal präsentiert werden und die Vertreter des Helmholtz-Zentrums müssen sowohl die Kundenbedürfnisse gut kennen als auch auf detaillierte Fragen zu den wissenschaftlichen Inhalten und Schutzrechten Auskunft geben können. Ziel sollte es sein, bis zu zehn verschiedene Offerten innerhalb des halbstündigen Termins vorstellen und diskutieren zu können. Die Key-Account-Manager sollten daher an wichtigen Partnering-Konferenzen teilnehmen, z. B. der Bio Europe, den Bio Partnering-Konferenzen oder der von der Ascenion GmbH organisierten Biovaria, die ein etwas anderes Konzept verfolgt und nur einen Tag dauert.

Besteht schon eine strategische Partnerschaft, sind gemeinsame Treffen von Wissenschaftlern aus der öffentlichen Forschung und der unternehmerischen F&E eine interessante Option, um die Partnerschaft zu vertiefen und weitere Möglichkeiten einer Zusammenarbeit zu explorieren. Dazu stellen Wissenschaftler beider Partner ihre aktuellen Projekte kurz vor. Eine solche Veranstaltung findet im Partnerunternehmen statt und wird grundsätzlich als „confidential/vertraulich" klassifiziert.

Bisher wenig etabliert sind in der Helmholtz-Gesundheitsforschung informelle Treffen im Rahmen so genannter Business-Clubs wie sie das Karlsruhe Institut für Technologie durchführt. In einer gehobenen Atmosphäre werden Begegnungen zwischen hochrangigen Wissenschaftlern und Unternehmensvertretern ganz unterschiedlicher Disziplinen ermöglicht, wodurch Transferprojekte in neuen Anwendungsfeldern initiiert werden können. Eine weitere Möglichkeit sind Gespräche auf wissenschaftlichen Kongressen, wobei die Kontakte meist auf ein enges Gebiet beschränkt sind, so dass neue Anwendungsfelder nur selten erschlossen werden.

5.3.4 Friends & Family Programm

Der Technologietransfer kann von den Netzwerken ehemaliger Mitarbeiter profitieren, die wertvolle Hinweise bei der Technologiebewertung sowie der Suche nach potenziellen Kunden und Kontaktpersonen geben können. Besonders interessant sind ehemalige Mitarbeiter, die jetzt in einem Pharmaunternehmen arbeiten und dadurch über Erfahrungen in beiden Bereichen verfügen. Bei ihren neuen Arbeitgebern können sie Verständnis- und Informationsdefizite beseitigen und Kooperationen entweder selbst initiieren oder als interner Macht- oder Fachpromotor unterstützen. Neben ehemaligen Mitarbeitern können diese Aufgaben auch von aktuellen und ehemaligen Gutachtern bzw. Gremienmitgliedern sowie von Familienangehörigen, die in Unternehmen tätig sind, ausgeübt werden.

Eine weitere Funktion innerhalb des Key-Account-Managements ist daher der Ausbau der im Ansatz vorhandenen Alumni-Kontaktpflege zu einem Programm Friends & Family, das systematisch die Beziehungen zu den mit dem Helmholtz-Zentrum verbundenen Personen pflegt. Allen ausscheidenden Mitarbeitern wird die Mitgliedschaft im kostenlosen Friends & Family-Programm angeboten. Weitere Mitglieder können durch eine Offensive der Zentrumsmitarbeiter und eine Recherche im Internet und sozialen Netzwerken gewonnen werden.

Alle Mitglieder des Programms werden regelmäßig über Neuigkeiten im Helmholtz-Zentrum informiert. Zusätzlich werden in sozialen Netzwerken wie Xing und Facebook Gruppen angelegt und gepflegt, um den Kontakt der Mitglieder untereinander zu unterstützen. Auch ein jährliches Netzwerktreffen z. B. im Umfeld wissenschaftlicher Tagungen oder der Helmholtz-Jahrestagung kann die Identifikation weiter fördern.

Aus dem Netzwerk Friends & Family werden zusätzlich Personen rekrutiert, die als Marktexperten in der Lage sind, die Nutzenpotenziale von Projekten zu validieren und in einer Markt- und Kundenexploration potenzielle Kunden und neue Anwendungsfelder zu suchen. Im Rahmen der Kundenanalyse wird jedes Transferprojekt auch auf Verbindungen zum Netzwerk Friends & Family geprüft. Bei einer entsprechenden Identifikation mit dem Zentrum besteht meist eine große Hilfsbereitschaft. Zusätzlich erhalten die Mitglieder im Expertenkreis einen frühen Zugriff auf interessante Forschungsprojekte und wertvolle Kontakte, die der eigenen Karriere nutzen können.

5.3.5 Internes Marketing

Das Relationship-Management für den Technologietransfer kann nur erfolgreich sein, wenn die Offenheit für eine Kooperation mit der Wirtschaft vom gesamten Helmholtz-Zentrum getragen wird. Überzeugungsarbeit muss vor allen bei den Wissenschaftlern geleistet werden, unabhängig davon, wie viele und welche Projekte tatsächlich über ein entsprechendes Nutzenpotenzial verfügen. Zu dieser Überzeugungsarbeit kann das interne Marketing einen großen Beitrag leisten. Dabei ist zu beachten, dass sich externe und interne Kommunikation stark beeinflussen: Mitarbeiter sind die glaubwürdigsten Botschafter der eigenen Einrichtung. Jede externe Kommunikationsmaßnahme wirkt sich bei Erfolgen positiv und bei Kritik negativ auf das Betriebsklima sowie die individuelle Motivation aus, was die Mitarbeiter wiederum nach außen kommunizieren.

Das Ziel des internen Marketings ist die Etablierung einer Unternehmenskultur, die sich grundsätzlich der nutzenorientierten Grundlagenforschung verpflichtet fühlt und gleichzeitig – wenn sich die Gelegenheit ergibt – Kooperationen mit der Wirtschaft bzw. dem Technologietransfer offen und positiv gegenüber steht. Der Vorstand der Helmholtz-Zentren muss dazu den Mitarbeitern Strategiegewissheit und Zielidentität vermitteln. Zusätzlich muss ein gewisser Leidensdruck aufgebaut und verdeutlicht werden, dass hohe Erwartungen bestehen. Der Vorstand hat eine wichtige Vorbildfunktion, die maßgeblich das Denken und Handeln der Mitarbeiter beeinflusst. Auf Grundlage eines noch zu erarbeitenden Implementierungskonzepts muss das interne Marketing dafür sorgen, dass die

Verstärkung des Technologietransfers von einem Großteil der Mitarbeiter getragen wird, weil alle die Gründe dafür nachvollziehen können. Die Implementierung sollte dabei von einer Task-Force begleitet werden, die für das Konzept wirbt und eine interne Veränderungskoalition aufbaut. In einer Broschüre werden Ausgangslage und die Relationship-Management-Strategie beschrieben. Zu den Inhalten gehören z. B. eine Beschreibung der einzelnen Schritte des Transferprozesses, Antworten auf grundlegende Fragen sowie die Adressierung von Interessenskonflikten und wichtigen Barrieren. Zusätzlich wird die Strategie in Workshops mit den Wissenschaftlern diskutiert und auf Betriebsversammlungen vorgestellt.

Eine zentrale Bedeutung für die Lenkung der Mitarbeiter hat in allen Organisationen das konsequente Führen durch Zielvereinbarungen. Wenn ein wissenschaftliches Projekt mit hohem Nutzenpotenzial identifiziert wurde, sollte die Erreichung bestimmter Meilensteine in die Zielvereinbarung eingehen, da es sich um zusätzliche Leistungen außerhalb des normalen Aufgabenspektrums handelt. Die komplexe Frage, ob und in welchem Ausmaß Erfolge im Technologietransfer Eingang in wissenschaftliche Evaluationen und Auswahlverfahren für Berufungen finden sollte, kann im Rahmen dieser Arbeit allerdings nicht beantwortet werden.

Die Leistungsbereitschaft im Wissenschaftssystem ist vor allem von drei Faktoren geprägt: Anerkennung, Zeit und ausreichend Forschungsmittel. Im traditionellen System der Leistungsbewertung in der Wissenschaft steht vor allem die Publikationsleistung im Mittelpunkt. Wissenschaftler, die regelmäßig in den Top-Journalen wie Science und Nature publizieren, haben ein sehr hohes Ansehen. Entsprechend muss sich die Zusammenarbeit mit der Wirtschaft positiv auf die Reputation der beteiligten Wissenschaftler auswirken. Daher sollte z. B. über Strategien und Erfolge im Technologietransfer regelmäßig in der internen Kommunikation berichtet und Wissenschaftler mit erfolgreichen Transferprojekten in der Hauszeitung und dem Intranet vorgestellt werden. Mindestens ebenso groß ist der Effekt externer Kommunikationsinstrumente, die jedoch immer mit dem Unternehmenspartner abgestimmt werden müssen und daher aufgrund von

Geheimhaltungsvorschriften nicht immer möglich sind. Solche Maßnahmen können z. B. Sonderseiten im Internet, regelmäßige Presseinformationen, Jahres- und Geschäftsberichte sowie die Präsentation auf Veranstaltungen sein.

Eine leistungsabhängige Vergütung ist durch die Tarifsysteme im öffentlichen Dienst in Deutschland nur eingeschränkt möglich und hat sich zudem in der Grundlagenforschung nur bedingt bewährt. Bei der Gestaltung von Anreizsystemen ist zu beachten, dass der Fokus der Wissenschaftler nicht dauerhaft von ihrer Hauptaufgabe Grundlagenforschung auf eine reine Anwendung verlagert wird. Unabhängig von Anreizsystemen kann ein erfolgreiches Transferprojekt finanzielle Rückflüsse generieren, von denen auch der Wissenschaftler durch die anteilige Erfindervergütung profitiert. Da solche Rückflüsse aufgrund der klinischen Prüfungen erst nach einigen Jahren erfolgen, sollten kurzfristige persönliche Belastungen zusätzlich vergütet werden. Dies ist vor allem sinnvoll, wenn die weitere Entwicklung in erheblichem Maße personengebundenes Wissen erfordert. Eine Möglichkeit dazu sind Beraterverträge, die zwischen den beteiligten Wissenschaftlern und dem Kunden geschlossen werden. Da es sich dabei um genehmigungspflichtige Nebentätigkeiten handelt, ist das Top-Management des Helmholtz-Zentrums rechtzeitig einzubinden.

Die Mitarbeiter im Technologietransfer können stärker leistungsorientiert geführt werden, auch wenn deren Erfolg nicht nur von der eigenen Leistung, sondern ebenso vom vorhandenem Nutzenpotenzial der Forschungsprojekte abhängt. Die für das Transfer-Controlling vorgeschlagenen Kennzahlen Akquise-Effektivität I und II eignen sich zur Vorsteuerung und Leistungsbewertung der Mitarbeiter und sollten daher Eingang in die Zielvereinbarung finden (vgl. Kapitel 5.4.2).

5.4 Absatzkonzept

Um die Kundenanfragen zu steuern, ist für den Technologietransfer in Anlehnung an das Investitionsgütermarketing (vgl. Kapitel 3) nur die Akquisitionsschiene „aktiv verkaufen" Erfolg versprechend, auch wenn intensive PR-Aktivitäten gelegentlich ein Technologiegesuch auslösen können. Aufgrund der bisherigen Technologieorientierung verfügen nur wenige Mitarbeiter im

Helmholtz-Technologietransfer über gute Verkaufsfähigkeiten, so dass die Einführung des Absatzkonzeptes mit intensiven Schulungsprogrammen und einem Personalaufbau verbunden werden muss.

Der Verkaufsprozess ist mit dem Eintritt in die Arbeitsphase nicht beendet. Positive Erfahrungen in der Zusammenarbeit erleichtern das Folgegeschäft mit dem Abschluss weiterer Projekte und können so den Vertriebsaufwand deutlich reduzieren. Der Kunde wird zum Partner in einer langfristigen Kundenbeziehung. Die hier vorgestellten Instrumente können sowohl für den Erstkontakt als auch für die Initiierung weiterer Transferprojekte eingesetzt werden, da jede Offerte grundsätzlich neu bewertet wird.

Das Key-Account-Management bildet die Grundlage für die Marktvorbereitungsphase, indem potenzielle Kunden identifiziert, zusätzliche Kontaktmöglichkeiten geschaffen und schließlich Vertrauen und aufgebaut werden. Das hier beschriebene Absatzkonzept konzentriert sich auf die Akquisition neuer Kunden bzw. neuer Projekte in Geschäftsverbindungen, um Transfererfolge effektiver und zu erreichen: Mit dem Service-Design wird der Verkaufsprozess konzipiert und mit dem Business Proposal werden Kundenbedürfnisse und Kundennutzen adressiert. Das Kapitel schließt mit Vorschlägen zur Erfolgskontrolle.

5.4.1 Service-Design

Ein kundenorientierter Service trägt dazu bei, die Erfolgschancen von Kooperationen zu verbessern. In das Service Design sind die Ergebnisse der Expertenbefragung und der Literaturrecherche sowie persönliche Erfahrungen des Autors eingeflossen. Mit dem Service-Design werden die kritischen Prozesse bei der Initiierung eines Technologietransferprojektes definiert und in einem Service-Blueprint zusammengefasst. Das Grundmuster des Blueprints kann individuell und branchenspezifisch angepasst und weiterentwickelt werden, um die Serviceleistung zu optimieren und Defizite in der Prozesskompetenz beim Kunden zu kompensieren. Die Reihenfolge der Prozesse berücksichtigt sowohl Kundenbedürfnisse als auch einen möglichst späten Beginn kostenintensiver Prozesse (vgl. Abb. 9).

Die Serviceleistung startet mit der Identifizierung eines Projektes mit hohem Nutzenpotenzial. Diesem ersten Schritt der Marktvorbereitungsphase folgen drei kritische interne Prozesse, die jeweils zum Projektabbruch führen können: Wenn die beteiligten Wissenschaftler keine Bereitschaft zur Kooperation zeigen, wenn die IP-Rechte ungeklärt bleiben oder wenn kein potenzieller Kunde identifiziert werden kann.[127]

Bei einer positiven internen Entscheidung beginnt die Akquisitionsphase mit der Vorbereitung der Offerte. Dieser Schritt ist mit hohem Aufwand verbunden und muss mit großer Sorgfalt durchgeführt werden, da die Offerte den Grundstein einer potenziellen Geschäftsbeziehung bildet. In einer Kundenanalyse werden die bisherigen Geschäftsbeziehungen und persönlichen Präferenzen der Ansprechpartner recherchiert wie z. B. bevorzugte Kommunikationskanäle oder definierte Mindeststandards. Diese Recherche kann dazu führen, dass vor einer Kontaktaufnahme Schutzrechte angemeldet oder noch weitere Studien (z. B. Proof of Concept) durchgeführt werden müssen. Bei komplexen Projekten kann die Vorbereitung einer Offerte einige Wochen oder Monate dauern. Die für den Kunden relevanten Informationen werden in einem Business Proposal zusammengeführt, das der Kunde bei der ersten Kontaktaufnahme erhält. Zusätzlich wird ein ausführliches Dossier vorbereitet. Mit dem Versand der Offerte wird die Serviceleistung erstmals für den Kunden sichtbar.

---

[127] Diese Kriterien sind in der Dimension relative Wettbewerbsposition im Nutzenportfolio berücksichtigt, müssen jedoch bei der Vorbereitung einer Offerte noch einmal verbindlich geklärt werden.

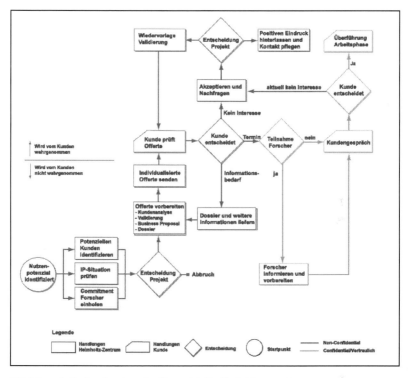

Abbildung 9: Technologetransfer-Blueprint für die Initierungsphase

Nach Prüfung der Offerte durch den Kunden ergeben sich drei Handlungsoptionen: 1. Wünscht der Kunde weitere Informationen, wird das vorbereitete Dossier übermittelt. 2. Hat der Kunde kein Interesse, erkundigt sich der zuständige Mitarbeiter zunächst nach den Gründen.[128] Je nach Antwort kann das Projekt zu einem späteren Zeitpunkt erneut vorgelegt werden oder es kommt zum Projektabbruch. Bei einem Abbruch hinterlässt der Mitarbeiter einen positiven Eindruck, um gute Voraussetzungen für zukünftige Projekte zu schaffen. 3. Findet der Kunde die Offerte interessant und wünscht ein persönliches Gespräch, wird schnellstmöglich ein Termin – auf Wunsch mit den beteiligten Wissen-

---

[128] Einige Experten kritisierten, dass Absagen manchmal zu langwierigen Diskussionen über die Gründe führen, was sich negativ auf eine zukünftige Zusammenarbeit auswirke.

schaftlern – vereinbart. Zu diesem Zeitpunkt bekommt das Transferprojekt den Status „confidential/vertraulich", um den hohen Erwartungen an die Vertraulichkeit gerecht zu werden.

Nach einem erfolgreichen Kundengespräch geht das Projekt in die Arbeitsphase über, die nicht mehr Gegenstand dieser Arbeit ist. Dazu müssen umfangreiche vertragliche Regelungen z. B. zu Zielen und Meilensteinen, Schutzrechten, Verwertungsmöglichkeiten, Down Payments und Royalties vereinbart werden. Bei Anfragen von Unternehmen sind bis auf die Kundensuche die gleichen Prozesse erforderlich, wobei kürzere Bearbeitungszeiten und zusätzliche Kommunikationsschritte berücksichtigt werden müssen.

Auch der Umgang mit Servicefehlern muss geplant werden, um die Kundenbeziehung nicht zu gefährden. Verzögerungen können durch eine strikte Terminkontrolle und die Beachtung der Reaktionszeiten vermieden werden, die sich aus der Expertenbefragung ergeben (vgl. Tab. 17). Bei Fehlern empfiehlt sich: Fehler einräumen, sich entschuldigen und kurz erläutern was passiert ist, ohne sich zu rechtfertigen.

Prozess	Normzeit	Toleranzzeit
Business Proposal prüfen	15 min	1 Stunde
Antwort auf E-Mails	1 bis 2 Tage	5 Arbeitstage
Zusätzliche Informationen	1 Tag	5 Arbeitstage
Terminvereinbarung	1 Woche	4 Wochen

Tabelle 17: Reaktionszeiten für Serviceprozesse

5.4.2 Business Proposal

Die Qualität des Business Proposals hat einen sehr großen Einfluss auf den Akquisitionserfolg. Erforderlich ist eine seriöse Darstellung der mit der mit dem Projekt angestrebten Problemlösung, in der auch noch offene Fragen angesprochen werden. Im Business Proposal werden auf maximal zwei Seiten die wesentlichen Bestandteile der Offerte in englischer Sprache zusammengefasst (vgl. Tab. 18). Dabei werden individuelle Vorlieben berücksichtigt, um eine maßgeschneiderte Offerte zu erstellen. Das Format trägt den Ergebnissen der Expertenbefragung Rechnung, den Zeitaufwand für die erste Prüfung auf 15 Minuten zu beschränken. Ausführliche Informationen werden in einem Dossier zusammengestellt, das nur bei Bedarf verschickt wird.

Business Proposal Nr.
Aussagekräftige Überschrift mit Projektname und Indikationsgebiet.
Ausformuliertes Nutzenversprechen.
Beschreibung der Alleinstellungsmerkmale: Was ist das Besondere an der Methode? Worauf begründet sich eine positive Einschätzung?
Sehr kurze Beschreibung des Marktpotenzials einschließlich der Grenzen bisheriger Therapien und zusätzlicher Anwendungsgebiete.
Situation der Schutzrechte (z. B. Eigentumsverhältnisse, Status der Schutzrechte).
Innovationsreife: Wo steht die Technologie? (z. B. Wirkung in mehreren Tiermodellen, Proof of Concept), Projektplanung, welche Schwierigkeiten gibt es noch?
Erfolge in der Wissenschaft bzw. im Transfer (z. B. fünf wichtige Publikationen und erfolgreiche Transferprojekte).
Ansprechpartner mit allen Kontaktdaten und Liste der beteiligten Wissenschaftler.

Tabelle 18: Aufbau eines Business-Proposal

Den Kern des Business Proposals bildet ein Nutzenversprechen, das die Lösung eines aktuellen oder zukünftigen Problems durch das Projekt klar formuliert und begründet, warum das Helmholtz-Zentrum der geeignete Partner ist. Eine eindeutige Positionierung und Abgrenzung gegenüber anderen Forschungszentren verbessert zudem die Argumentationsfähigkeit der Mitarbeiter und führt zu höherer Effektivität, Identifikation und Motivation.[129]

Die Ausgangsbasis für ein leistungsfähiges Nutzenversprechen bildet das „Dann erhalte ich"-Format.[130] Das Format zwingt die Mitarbeiter im Technologietransfer zur Orientierung an Kundenbedürfnissen, zur Abgrenzung gegenüber Mitbewerbern und belegt gleichzeitig den Kundennutzen: Wenn ich [Projekt] anstatt [andere Forschungsansätze] nutze, dann erhalte ich [Kundennutzen], weil

---

[129] Vgl. Haenecke & Laukamp (o. J..S. 4).

[130] Vgl. Haenecke & Laukamp (o. J..S. 7f.).

[Beleg]. Ein solches Nutzenversprechen muss für jede Kombination Forschungsprojekt und Kunde vom Technologietransfer zusammen mit den beteiligten Wissenschaftlern entwickelt werden.

5.4.3 Transfer-Controlling

Die Ressourcen im Technologietransfer müssen effektiv eingesetzt werden und mittelfristig soll auch ein angemessener Deckungsbeitrag erzielt werden. Um den Technologietransfer wirksam zu steuern, werden im Rahmen dieser Arbeit Kennzahlen vorgeschlagen, die sich auf konkrete Transferereignisse beziehen und sich an den vier Perspektiven der Balanced Scorecard[131] orientieren.

Für das Vertriebscontrolling ist vor allem die Prozess-Perspektive interessant. Die Akquise-Effektivität I (Anzahl Kundengespräche/Anzahl Offerten) erlaubt Rückschlüsse auf die Qualität der Marktvorbereitungsphase und der Offerte. Als Zielvorgabe sollte eine Quote von mindestens 10 % erreicht werden. Die Akquise-Effektivität II (Anzahl Kooperationen/Anzahl Kundengespräche) ist dagegen ein Maß, das von der Qualität der geführten Kundengespräche und der Glaubwürdigkeit der Offerte abhängt. Diese Kennzahl gibt Hinweise auf die Qualität der Akquisitionsphase. Dabei sollte eine Erfolgsquote von 20 % erreicht werden. Aus dieser Vorgabe ergibt sich eine Vorsteuerungskennzahl von 150 maßgeschneiderten Offerten, um drei relevante Kooperationsvereinbarungen abzuschließen.[132] Ein weiteres Kriterium ist die Durchlaufzeit von Transferprojekten bis zum Eintritt in die Arbeitsphase.

Der Verwertungserfolg bestimmt die finanzielle Perspektive, die im Wesentlichen durch das tatsächliche und geschätzte zukünftige Erlösvolumen charakterisiert ist. Die Umsatzrendite (Reingewinn/Erlöse) beschreibt den Erfolg im Technologietransfer aus wirtschaftlicher Perspektive und berücksichtigt indirekt die Kosten. Die Verwendung dieser Kennzahl darf aber nicht dazu führen, dass der Technologietransfer dem unrealistischen Erwartungsdruck einer „schwarzen

---

[131] Vgl. Kaplan & Norton (1992); Müller-Stewens & Lechner (2005, S. 708ff.).

[132] Die Angaben zu den Erfolgsquoten beruhen auf dem Gespräch mit einem Mitarbeiter aus dem Business Development eines großen deutschen Pharmaunternehmens.

Null" ausgesetzt wird. Die Verwertungsintensität (Erlöse/Anzahl der Kooperationsprojekte) gibt Hinweise auf die Wirtschaftlichkeit und bezieht sich entweder auf die aktuellen (Verwertungsintensität I) oder die zukünftigen Erlöse (Verwertungsintensität II). Die Kundenperspektive wird durch Messungen der Kundenzufriedenheit erfasst und die interne Wachstums- und Lernperspektive über die Zahl gemeinsamer Projekte pro Kunden bzw. pro Mitarbeiter sowie die Erfolgsquote neuer Projekte.

5.5 Struktur und Organisation

Gegenstand dieses Kapitels sind die organisatorischen und strukturellen Voraussetzungen für ein wirksames Relationship-Management. Dazu macht diese Arbeit mit dem Business Development einen Vorschlag für die Aufbauorganisation (Kapitel 5.5.1) und mit der Transferallianz einen Vorschlag für das Zusammenwirken mit Support- und Verwertungseinrichtungen (Kapitel 5.5.2). Das Kapitel schließt mit dem Anforderungsprofil für die Mitarbeiter (Kapitel 5.5.3).

5.5.1 Business Development

Die Implementierung eines Relationship-Managements stellt ein Helmholtz-Zentrum insgesamt vor große Herausforderungen und muss sukzessive aufgebaut werden. Zudem ist eine direkte Anbindung an den wissenschaftlichen Vorstand erforderlich, damit dieser seine Unterstützungsfunktion als Machtpromotor ausüben kann. Da Aufbaustrukturen in Forschungseinrichtungen bereits durch sehr viele Stabsstellen geschwächt sind, sollte mit der Implementierung des Relationship-Marketings die Chance genutzt werden, den Technologietransfer mit Stabsbereichen wie Kommunikation, Marketing oder Strategie zusammenzuführen. Wenig sinnvoll ist dabei eine Matrixstruktur, die sich weder in der Wissenschaft noch in der Wirtschaft bewährt hat. Stattdessen wird ein Stabsbereich Business Development empfohlen.

Das Business Development beschäftigt sich mit der strategischen und operativen Weiterentwicklung einer Forschungseinrichtung durch neue wissenschaftliche Themen oder noch nicht erschlossene Geschäftsfelder und bündelt alle im

Zusammenhang mit Kooperationen stehenden Aufgaben. Entsprechend ist die Funktion des Technologietransfers eine Kernaufgabe des Business Developments.

Weitere Aufgabenfelder des Business Development können z. B. die Strategie-entwicklung, der Aufbau nationaler und internationaler Forschungskonsortien oder die Akquise von öffentlichen Drittmitteln sein. Das Relationship-Management besteht auf operativer Ebene aus verschiedenen Schlüsselfunktio-nen: Die Business Relations gestalten die Geschäftsbeziehungen mit der Wirtschaft und entsprechen dem klassischen Technologietransfer. Die Scientific Relations umfassen den Aufbau und die Gestaltung strategischer Allianzen und Forschungsverbünde einschließlich der Personalrekrutierung. Dazu würde auch die Ausgestaltung der in Gründung befindlichen Deutschen Gesundheitszentren gehören. Die Kommunikation nach innen ist Aufgabe der Internal Relations und nach außen der Public Relations.[133]

5.5.2 Transferallianz für Support und Verwertung

Mit der Fokussierung des Technologietransfers der Helmholtz-Gesundheitszentren auf die Promotorenfunktion ist eine entsprechende Allokation der Ressourcen verbunden. Entsprechend müssen für den Transfer strategische Allianzen mit Support- und Verwertungspartnern aufgebaut werden, die über ausreichend kritische Masse für diese Aufgaben verfügen. In der Helmholtz-Gesundheitsforschung sollte die Zusammenarbeit mit der Ascenion GmbH fortgeführt werden, zumal sich deren Arbeit gut mit dem hier vorgeschla-genen Relationship-Management-Konzept ergänzt.[134]

Zu den von externen Partnern zu leistenden Aufgaben gehört das Management der IP-Rechte einschließlich der Prüfung von Forschungsarbeiten und Publika-tionen auf patentrelevante Inhalte, der Entwicklung von Patentierungsstrategien

---

[133] Die Pressestelle bleibt sinnvollerweise als eigenständige Einheit bestehen, da eine starke Marketing-orientierung der Glaubwürdigkeit der Pressearbeit schadet und gleichzeitig Bedenken der Unternehmen durch eine zu grosse Öffentlichkeit aufgegriffen werden.

[134] Zur Ascenion GmbH das Kapitel über die Helmholtz-Gemeinschaft.

und der Verfolgung von Rechtsverletzungen. Zu den externen Beratungsleistungen gehören die Bewertung des kommerziellen Potenzials, die Identifikation potenzieller Kunden und die Entwicklung und Realisierung der richtigen Kommerzialisierungsstrategie einschließlich der erforderlichen Forschungs-, Service- und Lizenzverträge sowie der Gründungsberatung. Eine große Bedeutung haben dabei Rahmenvereinbarungen. Auch das Controlling von Verträgen und Zuwendungsbescheiden auf schutzrechtsrelevante Aspekte sollte nicht durch das Helmholtz-Zentrum selbst wahrgenommen werden.

Ein weiterer Support-Partner ist die Helmholtz-Geschäftsstelle, die mit dem Validierungsfonds aktuell ein Instrument zur Wertsteigerung von Erfindungen einrichtet. Ergänzt wird die finanzielle Unterstützung durch die Vermittlung von Managementkompetenzen, um die Erfindungs- und Ausgründungsberatung zu verbessern. Auf Ebene der Helmholtz-Gemeinschaft können zudem weitere Zielgruppen erschlossen und Erfolge im Technologietransfer insbesondere an Zuwendungsgeber und politische Entscheidungsträger kommuniziert werden. Bei einer stärkeren Internationalisierung können Verbindungen und Aktivitäten auf Gemeinschaftsebene zur Stärkung der Marke Helmholtz die Initiierung von Kooperationen mit Partnern aus dem Ausland erleichtern.

5.5.3 Anforderungsprofil für Personal

Eine Tätigkeit im Relationship-Management für den Technologietransfer in der Helmholtz-Gesundheitsforschung stellt erhebliche Anforderungen an fachliche, persönliche und soziale Kompetenzen, die mit der Internationalisierung weiter zunehmen werden.[135] Immer wichtiger werden verkäuferische Fähigkeiten, die bei den Mitarbeitern im Technologietransfer im Allgemeinen nur schwach ausgeprägt sind. Sehr wirkungsvoll könnte daher die Einstellung von erfahren Key-Account-Managern aus der Investitionsgüterindustrie sein, was jedoch in den meisten Fällen bereits an den Tarifstrukturen im öffentlichen Dienst scheitern würde.

---

[135] Der Fokus liegt im Rahmen dieser Arbeit auf den national relevanten Kompetenzen in Anlehnung an Belz et al. (2008, S. 227ff.).

Zu den fachlichen Kompetenzen gehört ein Universitätsabschluss idealerweise in den Biowissenschaften, Chemie oder Medizin, um mit den Wissenschaftlern in Helmholtz-Zentren und Unternehmen auf Augenhöhe sprechen zu können. Damit verfügen Mitarbeiter über ausreichend Experten- und Branchenwissen, um erste Fachgespräche mit Unternehmen zu führen und deren Problemlösungsbedarf abschätzen zu können. Zumindest für Leitungsfunktionen ist eine zusätzliche betriebswirtschaftliche Ausbildung sehr sinnvoll.

Die Mitarbeiter müssen in der Lage sein, das Helmholtz-Zentrum vor hochrangigen Entscheidungsträgern überzeugend und seriös vertreten zu können. Sie müssen strategisch und kundenorientiert denken und handeln können und über analytische Fähigkeiten sowie umfassende Kompetenzen im Projektmanagement verfügen. Dazu kommen soziale und kommunikative Kompetenzen wie Offenheit, Teamfähigkeit und emotionale Intelligenz. Als Key-Account-Manager kennen sie als Netzwerker potentielle und aktuelle Kooperationspartner, pflegen persönliche Beziehungen auf hohem Niveau und können neue Kontakte anbahnen. Dabei hat eine angemessene Kleidung und Sprache einen vertrauensbildenden Effekt, der von den Mitarbeitern im Technologietransfer beachtet werden muss, damit diese ihre Rolle bestmöglich erfüllen können.

6 Schlussfolgerungen und Ausblick

Die Innovationsleistung bestimmt den Wohlstand in Deutschland. Daher beweist die Bundesregierung strategische Weitsicht, wenn sie gerade in wirtschaftlichen Krisenzeiten die Mittel für Bildung und Forschung deutlich erhöht. Berechtigterweise sind damit hohe Erwartungen verbunden. Die daraus folgenden Konsequenzen für die Grundlagenforschung wurden im Rahmen dieser Arbeit am Beispiel der Gesundheitsforschung der Helmholtz-Gemeinschaft betrachtet. Zum einen müssen die vielfältigen, zu Beginn dieser Arbeit beschriebenen indirekten, wirtschaftlichen Effekte klarer als bisher kommuniziert werden. Das reicht aber noch nicht aus: Auch die Grundlagenforschung wird zeigen müssen, dass ihre Ergebnisse zu neuen Produkten und Arbeitsplätzen führen.

In dieser Erwartung liegt kein Widerspruch zur Freiheit der Grundlagenforschung. Im Gegenteil: Grundlagenforschung leistet bereits jetzt einen substanziellen Beitrag für die wirtschaftliche Entwicklung, der sich in ganz unterschiedlichen Nutzenkategorien ausdrückt. Es ist daher richtig, dass die Politik nicht der Versuchung erliegt, allein auf den kurzfristigen Nutzen industrienaher Forschung zu setzen. Denn das führt dazu, dass der Innovationsgrad der Forschungsleistung im Laufe der Zeit immer geringer wird, da nur Lösungen für bereits bekannte und klar definierte Probleme entwickelt werden. Eine vollständige Ausrichtung der Forschungsanstrengungen auf die Bedürfnisse der Industrie, wie sie mit dem Ansatz des Science-to-Business-Marketings vertreten wird, kann daher nur dann funktionieren, wenn der Anspruch an die eigene Forschungsleistung gering ist.[136] Die Herausforderung haben Salter & Martin treffend formuliert: „The key issue is not so much whether the benefits are there but how best to organise the national research and innovation system to make the most effective use of them."[137]

Es kommt also darauf an, dass gute Ideen aus der Grundlagenforschung – und davon gibt es zahlreiche – nicht nur zufällig, sondern systematisch in eine wirtschaftliche Verwertung überführt werden. Dazu muss sich der Technologietransfer ändern: Wie „Trüffelschweine" müssen die Mitarbeiterinnen und Mitarbeiter in einem systematischen Prozess erstens aus allen Forschungsprojekten genau die herausfinden, die über ein großes wirtschaftliches Nutzenpotenzial verfügen, und zweitens unter allen potenziellen Transfer-Nehmern genau den passenden Kunden dazu identifizieren. Um diese Prozesse zusammenzuführen ist drittens eine Strategie erforderlich, die auf aktiven Verkauf und die Gestaltung langfristiger strategischer Partnerschaften zielt. Mit dem Relationship-Management legt diese Arbeit dazu ein praxisnahes und bezahlbares Konzept vor, das als Blaupause für die Implementierung in gesundheitsorientierten Helmholtz-Zentren wie z. B. dem Max-Delbrück-Centrum für Molekulare

---

[136] Vgl. Baaken (2009, S. 41). Das Science-to-Business Marketing wurde für die Fachhochschule Münster entwickelt.

[137] Salter & Martin (2001, S. 527).

145

Medizin oder den in Gründung befindlichen Deutschen Gesundheitszentren genutzt werden kann.

Entscheidend für einen wirksameren Technologietransfer sind die ersten Schritte der Marktvorbereitung und Akquisition. Die damit verbundenen Aufgaben müssen daher von den Helmholtz-Zentren als Kernaufgaben wahrgenommen werden, die nicht delegiert werden können. Mit dem Business Development schlägt der Autor eine geeignete Struktur zur Wahrnehmung dieser Aufgaben vor, die in der Praxis der Zusammenarbeit mit weiteren Support- und Verwertungspartnern bedarf. Im Gegensatz zur Wirtschaft ist ein Business Development in der deutschen Grundlagenforschung bisher kaum etabliert, bietet aber die Chance verschiedene Funktionen zusammenzuführen. Das Konzept setzt zudem die in vielen Studien geforderte Fokussierung und Nutzenorientierung des Technologietransfers um, erleichtert den Transfer von personengebundenem Wissen und kann durch die bessere Servicequalität dazu beitragen, unzureichende Prozesskompetenz in Unternehmen zu kompensieren. Diese Arbeit zeigt weiterhin, dass sich Methoden aus der Wirtschaft sehr einfach auf Forschungsorganisationen übertragen lassen und die Besonderheiten des Wissenschaftsbereichs anscheinend überschätzt werden.

Mit dem Konzept verbunden ist auch eine andere Strategie zum Umgang mit Schutzrechten: Kostenintensive Validierungsmaßnahmen wie Patentierung und Machbarkeitsstudien werden erst dann aufgenommen, wenn die Aussichten Erfolg versprechend sind – also ein Projekt mit hohem Nutzenpotenzial und den dazu passenden Kunden identifiziert wurde. Die neuen Validierungsfonds der Helmholtz-Gemeinschaft und der Bundesregierung können daher das Relationship-Management-Konzept sehr gut ergänzen.

Technologietransfer ist eine strategisch wichtige Aufgabe, die substanzielle Ressourcen benötigt und von fachlich sehr gut ausgebildeten Mitarbeitern ausgeübt werden muss. Keineswegs ausreichend ist die früher häufige Praxis, diese Position mit „nicht mehr benötigten" Mitarbeitern zu besetzen. Die Mitarbeiter müssen sich als Grenzgänger beweisen, die sich sowohl in der Wissenschaft als auch in der Wirtschaft sicher bewegen können und die jeweiligen Handlungsprinzipien und Werte verstehen. Dazu müssen sie über kommunikative, wirtschaftliche und wissenschaftliche Kompetenzen verfügen.

Wenn das im Rahmen dieser Arbeit entwickelte Relationship-Management mit den entsprechenden Ressourcen und festen Ansprechpartnern ausgestattet ist, kann der Technologietransfer aus der Grundlagenforschung einen großen Qualitätssprung machen. Dazu ist es dann wichtig, dass die Unternehmen stärker mit der öffentlichen Grundlagenforschung kooperieren. Wünschenswert wären eine größere Risikobereitschaft und eine Offenheit. Zudem sind auch in der Wirtschaft mindestens im Business Development Führungspersönlichkeiten gefragt, die neben ausreichenden Sachkenntnissen über eine kommunikative Kompetenz verfügen und sich sicher zwischen öffentlicher Forschung und Wirtschaft bewegen können.

Zu diesem Zweck sollten Unternehmen „temporäre Seitenwechsel" ermöglichen, z. B. indem F&E-Mitarbeiter für einen begrenzten Zeitraum an ein Forschungs-institut wechseln. Dies erlaubt nicht nur die Aneignung einer breiteren Wissensbasis, sondern es ergeben sich darüber hinaus weitere Möglichkeiten einer Zusammenarbeit von Unternehmen und Forschungseinrichtung. Um solche Seitenwechsel zu erleichtern, könnte die öffentliche Hand ein entsprechendes Förderprogramm auflegen, das in wirtschaftlich schwierigen Zeiten gleichzeitig als „Rettungsschirm" für hochqualifizierte Mitarbeiter genutzt werden kann.

Die Politik kann in hohem Maße eine Neuausrichtung des Technologietransfers auf einen Nutzen statt auf Technologien beeinflussen. Aus diesen Überlegungen ergeben sich konkrete Empfehlungen an die Forschungspolitik:

- Lizenzierungen und Kooperationen sollten gleichwertig neben Ausgrün-dungen betrachtet werden, um das große Potenzial des Technologie-transfers mit bestehenden Unternehmen besser auszuschöpfen. Dies ist derzeit nicht der Fall, denn im Zentrum der Aufmerksamkeit stehen vor allem Ausgründungen.

- Die Zahl der Patentanmeldungen und daraus abgeleitete Kennzahlen sollten nicht mehr als Indikatoren für Innovationskraft oder erfolgreichen

Technologietransfer verwendet werden, da sie nur über eine eingeschränkte Aussagekraft verfügen. Stattdessen verstärken solche Anreize eine reine Technologieorientierung und verursachen unnötige Kosten durch taktische Patentanmeldungen. Mögliche Alternativen schlägt der Autor mit dieser Arbeit vor. Weitere Beispiele finden sich im Monitoringbericht zum Pakt für Forschung und Innovation, der aussagekräftige Kriterien wie Erträge aus der Wirtschaft und aus Schutzrechten sowie die Anzahl der Ausgründungen und Lizenzvereinbarungen verwendet.[138]

- Ein Schwerpunkt der aktuellen Innovationspolitik ist die Verbesserung der Austauschprozesse zwischen Wissenschaft und Wirtschaft. Ergänzend wäre es sinnvoll, in der Forschung und der Wirtschaft die erforderlichen Methoden- und Managementkompetenzen weiter zu stärken. Für Forschungseinrichtungen und Hochschulen bietet sich dazu ein Förderprogramm „Business Development für die Grundlagenforschung" an, für Unternehmen ein Programm „Innovation durch Prozesskompetenz". Zusätzlich sollten die Teilnehmer beider Programme verpflichtet werden, gemeinsam an einem Weiterbildungsangebot teilzunehmen, damit neben der beruflichen Qualifizierung auch die Vernetzung gefördert wird.

- Die fortschreitende Internationalisierung des Pharmamarktes führt dazu, dass die F&E zunehmend an einzelnen Standorten konzentriert wird. Wenn F&E-Aktivitäten an Standorte außerhalb Deutschlands verlagert werden, verringert sich automatisch der Wertschöpfungsanteil durch die Grundlagenforschung und die Innovationskraft Deutschlands wird insgesamt geschwächt.[139] Daher müssen weitere Anstrengungen unternommen werden, um die Wettbewerbsfähigkeit Deutschlands zu steigern und die Wertschöpfung hierzulande zu sichern. Eine besonders große Hebelwirkung haben Programme zur Erhöhung des verfügbaren Risikokapitals und die steuerliche Absetzbarkeit von F&E-Aufwendungen, die immer wieder

---

[138] Vgl. Gemeinsame Wissenschaftskonferenz (2009, S. 19ff.).

[139] Vgl. Wissenschaftsrat (2007a, S. 32f).

diskutiert, aber im Gegensatz zu den meisten Nachbarländern bisher nicht eingeführt wurde.

Mit dieser Arbeit wird erstmals ein detailliertes Relationship-Management-Konzept für den Technologietransfer vorgelegt. Dazu konnten eine Reihe von Instrumenten aus dem Wirtschaftsgeschehen erfolgreich für die nicht gewinnorientierte Grundlagenforschung adaptiert werden. Weitere Untersuchungen sind erforderlich, um eine optimale Implementierungsstrategie zu entwickeln. Zudem sollte eine empirische Studie die Wirksamkeit der hier vorgeschlagenen Maßnahmen überprüfen.

Der Schwerpunkt dieser Arbeit liegt in der Initiierungsphase von Kooperationen. Weitere Studien sind erforderlich, um die kritischen Erfolgsfaktoren für die Steuerung der Kundenzufriedenheit und einer längerfristigen Kundenbindung in der gemeinsamen Arbeitsphase zu ermitteln. Offen ist auch die Frage, in welchem Ausmaß eine angenommene wirtschaftliche Verwertbarkeit Eingang in wissenschaftliche Begutachtungen finden sollte. Zusätzliche Forschungsarbeiten sollten weiterhin dazu beitragen, die hier vorgestellten Ergebnisse für internationale Aktivitäten und andere Branchen zu validieren bzw. weiter zu entwickeln. Auch die Interaktionen zwischen KMU und Pharmaunternehmen bzw. öffentlicher Forschung und KMU sowie der Transfer von Know-how aus der Industrie in die Forschung sind relevante Forschungsfragen.

Diese Arbeit zeigt auf, wie mit einem Relationship-Management der Technologietransfer erheblich verbessert werden kann. Das vorgeschlagene Konzept ist praxisnah und bietet ein vernünftiges Verhältnis zwischen Aufwand und Ertrag. Es ist jetzt Aufgabe der Forschungsmanager, ein solches Konzept zu implementieren und dadurch den Technologietransfer leistungsfähiger zu gestalten.

Literaturverzeichnis

Abegglen C.: Umsetzung des St. Galler Management-Modells in die Praxis. – In: Bleicher K., Abegglen C. & Zerres M.: Dipl. Betriebswirtschafter/in SGBS, Allgemeine Managementlehre, Lernstoff Monat 1, Kapitel 3, St. Gallen o.J.

Abegglen C. & Neumann R.: Operative Marketing-Strategie. – In: Abegglen C. & Neumann R.: Dipl. Betriebswirtschafter/in SGBS, Marketing Management, Lernstoff Monat 4, Kapitel 3, St. Gallen o.J.

Anonymus: CERN: Wirtschaftlicher Spin-off der Grundlagenforschung. – In: Naturwissenschaften, 72 (1985), Nr. 5, S. 284.

Anonymus: Portfolio-Management: Anwendung in der Praxis. – In: Bleicher K., Abegglen C. & Zerres M.: Dipl. Betriebswirtschafter/in SGBS, Allgemeine Managementlehre, Lernstoff Monat 2, Kapitel 5, St. Gallen o.J.

Baaken T.: Science-to-Business-Marketing und Partnering als konsequente Weiterentwicklung des Technologietransfers. – In: Merten W. (Hrsg.): Wissenschaftsmarketing. Dialoge gestalten, Bonn 2009, S. 41-53.

Belz C., Müllner M. & Zupancic D.: Spitzenleistungen im Key-Account-Management. Das St. Galler KAM-Konzept, 2. Auflage, München 2008.

Bierhals R. & Schmoch U.: Formen des Wissens- und Technologietransfers. – In: Schmoch U., Licht G. & Reinhard M. (Hrsg.): Wissens- und Technologietransfer in Deutschland, Stuttgart 2000, S. 81-89.

Bitner M.J., Booms B.H. & Tetreault, M.S.: The Service Encounter: Diagnosing Favorable and Unfavorable Incidents. – In: Journal of Marketing, 54 (1990), Nr. 1, S. 71-84.

Bleicher K.: Das Konzept Integriertes Management. Visionen – Missionen – Programme, 7. Auflage, Frankfurt am Main 2004.

BMBF – Bundesministerium für Bildung und Forschung (Hrsg.): Die Hightech-Strategie für Deutschland, Bonn/Berlin 2006a.

BMBF – Bundesministerium für Bildung und Forschung (Hrsg.): Bundesbericht Forschung, Bonn/Berlin 2006b.

Carlsson B., Acs Z.J., Audretsch D.B. & Braunerhjelm P.: The Knowledge Filter, Entrepreneurship, and Economic Growth. Jena Economic Research Paper Nr. 2007-057, Jena 2007.

CDU, CSU & FDP: Wachstum. Bildung. Zusammenhalt. Der Koalitionsvertrag zwischen CDU, CSU und FDP. 17. Legislaturperiode, Berlin 2009.

Cohen W. & Levinthal D.A.: Innovation and Learning: The Two Faces of R&D. – In: Economic Journal, 99 (1989), S. 569-596.

Cohen W. & Levinthal D.A.: Absorptive Capacity: A New Perspective on Learning and Innovation. – In: Administrative Science Quarterly, 35 (1990), S. 128-152.

Czarnitzki D., Licht G., Rammer C. & Spielkamp A.: Zusammenfassung der in der Literatur vorliegenden Befunde zum Wissens- und Technologietransfer. – In: Schmoch U., Licht G. & Reinhard M. (Hrsg.): Wissens- und Technologietransfer in Deutschland, Stuttgart 2000, S. 318-356.

Czarnitzki D., Licht G., Rammer C. & Spielkamp A.: Rolle und Bedeutung von Intermediären im Wissens- und Technologietransfer. – In: ifo Schnelldienst, 54 (2001), Nr. 4, S. 40-49.

Czarnitzki D. & Rammer C.: Innovationsimpulse aus der Wissenschaft – Ergebnisse aus der Innovationserhebung. – In: Schmoch U., Licht G. & Reinhard M. (Hrsg.): Wissens- und Technologietransfer in Deutschland, Stuttgart 2000, S. 271-282.

Deutsches Krebsforschungszentrum (Hrsg.): Harald zur Hausen. Nobelpreis für Medizin 2008, Heidelberg 2009.

Dosi G., Marengo L. & Pasquali C.: How much should society fuel the greed of innovators? On the relations between appropriability, opportunities and rates of innovation. – In: Research Policy, 35 (2006), S. 1110-1121.

EFI – Expertenkommission Forschung und Innovation (Hrsg.): Gutachten zu Forschung, Innovation und technologischer Leistungsfähigkeit Deutschlands 2010, Berlin 2010.

Fraunhofer-Gesellschaft (Hrsg.): Jahresbericht 2008, München 2009.

Froitzheim U.: Nicht im Sinne der Erfinder. – In: Technology Review 2009, August, S. 29-34.

Gazlig T.: Alleinstellungsmerkmale identifizieren. Ein unverwechselbares Profil bildet die Grundlage für alle Kommunikationsmaßnahmen – In: Archut A., Fasel C., Miller F. & Streier E. (Hrsg.): Handbuch Wissenschaft kommunizieren, Berlin 2008.

Graf H. & Krüger J.J.: The Performance of Gatekeepers in Innovator Networks, Jena Economic Research Paper, Nr. 2009-058, Jena 2009.

Gemünden H.G. & Hölzle K.: Innovatoren – Promotorenmodell. – In:
http://www.innovationsmanagement.de/innovatoren/promotorenmodell.html
(12.11.2009). Zugriff am 4.4.2010.

Gemünden H.G. & Walter A.: Der Beziehungspromotor – Schlüsselperson für
interorganisationale Innovationsprozesse. – In: Zeitschrift für Betriebswirtschaft, 65
(1995), S. 971-986.

Gemünden H.G. & Walter A.: Förderung des Technologietransfers durch Beziehungspromotoren. – In: Zeitschrift für Führung und Organisation, 65 (1996), S. 237-245.

Gerpott T.J.: Strategisches Technologie- und Innovationsmanagement, 2. Auflage,
Stuttgart 2005.

Gemeinsame Wissenschaftskonferenz (Hrsg.): Pakt für Forschung und Innovation.
Monitoring-Bericht 2009, Bonn 2009.

Guellec D. & van Pottelsberghe de la Potterie B.: R&D and Productivity Growth:
Panel Data Analysis of 16 OECD Countries, OECD Science, Technology and Industry
Working Papers, 2001, Nr. 3, Paris 2001.

Haenecke H. & Laukamp G.: Entwicklung und Tests von Nutzenversprechen. – In:
Abbeglen C. & Neumann R.: Dipl. Betriebswirtschafter/in SGBS, Verkaufserfolg,
Lernstoff Monat 5, Kapitel 8, St. Gallen o. J.

Helmholtz-Gemeinschaft Deutscher Forschungszentren (Hrsg.): Geschäftsbericht 2009.
Große Fragen – große Forschung, Berlin 2009a.

Helmholtz-Gemeinschaft Deutscher Forschungszentren (Hrsg.): Die Strategie der
Helmholtz-Gemeinschaft. Spitzenforschung für Gesellschaft, Wissenschaft und
Wirtschaft, Berlin 2009b.

Huston L. & Sakkab N.: Connect and Develop: Inside Procter & Gamble's New Model
for Innovation. – In: Harvard Business Review, 84 (2006), Nr. 3, S. 58-66.

Kaplan R.S. & Norton D.P.: The Balanced Scorecard – Measures that Drive
Performance. – In: Harvard Business Review, 70, Nr. 1, S. 71-79.

Kline S.J.: Innovation Is Not a Linear Process. – In: Research Management, 28 (1985),
S. 34-45.

Konrad K. & Truffer B.: The Coupling of Spin-Offs and Research Institutions in the
Triangle of Policy, Science and Industry – An International Comparison, WZB
discussion paper P 2006-103, Berlin 2006.

Levin M.: Mastering the Value Chain: An Interview with Mark Levin of Millenium Pharmaceuticals. Interview by David Champion. – In: Harvard Business Review, 79 (2001), Nr. 6, S. 108-115.

Lewin K.: Channels of Group Life, Social Planning and Action Research. – In: Human Relations, 1 (1947), S. 143-153.

Licht G., Rammer C. & Spielkamp A.: Zusammenfassende Bewertung und Empfehlungen. – In: Schmoch U., Licht G. & Reinhard M. (Hrsg.): Wissens- und Technologietransfer in Deutschland, Stuttgart 2000, S. 409-421.

Meffert H., Burmann C. & Kirchgeorg M.: Marketing. Grundlagen marktorientierter Unternehmensführung. Konzepte – Instrumente – Praxisbeispiele. 10. Auflage, Wiesbaden 2008.

Müller-Stewens G. & Lechner C.: Strategisches Management. Wie strategische Initiativen zum Wandel führen, 3. Auflage, Stuttgart 2005.

Nelson R.R.: Reflections on „The Simple Economics of Basic Scientific Research": looking back and looking forward. – In: Industrial and Corporate Change, 15 (2006), S. 903-917.

Nonaka I. & Takeuchi H.: The Knowledge-Creating Company: How Japanese Companies Create the Dynamics of Innovation, New York/Oxford 1995.

Parasuraman A., Zeithaml V.A. & Berry L.L.: A Conceptual Model of Service Quality and Its Implications for Future Research. – In: Journal of Marketing, 49 (1985), Nr. 4, S. 41-50.

Parasuraman A., Zeithaml V.A. & Berry L.L.: SERVQUAL: A Multiple-Item Scale for Measuring Consumer Perceptions of Service Quality. – In: Journal of Retailing, 64 (1988), Nr. 1, S. 12-40.

Parasuraman A., Zeithaml V.A. & Berry L.L.: Reassessment of Expectations as a Comparison Standard in Measuring Service Quality: Implications for Further Research. – In: Journal of Marketing, 58 (1994a), S. 111-124.

Parasuraman A., Zeithaml V.A. & Berry L.L.: Alternative Scales for Measuring Service Quality: A Comparative Assessment Based on Psychometric and Diagnostic Criteria. – In: Journal of Retailing, 70 (1994b), Nr. 3, S. 201-230.

Pleschak F.: Entwicklungstendenzen des Technologietransfers und Anforderungen an seine Ausgestaltung. – In: Pleschak F. (Hrsg.): Technologietransfer – Anforderungen und Entwicklungstendenzen, Stuttgart 2002, S. 1-16.

Prahalad C.K. & Hamel G.: The Core Competence of the Corporation. – In: Harvard Business Reviews, 68, Nr. 5 (1990), S. 79-91.

Rammer C., Aschhoff B., Doherr T., Köhler C., Peters, B., Schubert T. & Schwiebacher F.: Innovationsverhalten der deutschen Wirtschaft – Indikatorenbericht zur Innovationserhebung 2009, Zentrum für Europäische Wirtschaftsforschung, Mannheim 2010.

Rammer C., Reinhard M. & Rottmann H.: Exkurs: Determinanten der Wissenschaftsnutzung auf der Grundlage neuerer Unternehmensbefragungen. – In: Schmoch U., Licht G. & Reinhard M. (Hrsg.): Wissens- und Technologietransfer in Deutschland, Stuttgart 2000, S. 282-284.

Reinhard M.: Absorptionsfähigkeit der Unternehmen. Theorie und Empirie in der Literatur. – In: Schmoch U., Licht G. & Reinhard M. (Hrsg.): Wissens- und Technologietransfer in Deutschland, Stuttgart 2000a, S. 243-258.

Reinhard M.: Absorptionsfähigkeit in kleinen und mittleren Unternehmen – Eine explorative Untersuchung auf der Basis von Interviews. – In: Schmoch U., Licht G. & Reinhard M. (Hrsg.): Wissens- und Technologietransfer in Deutschland, Stuttgart 2000b, S. 284-315.

Reinhard M.: Absorptionskapazität und Nutzung externen technologischen Wissens in Unternehmen. – In: ifo Schnelldienst, 54 (2001), Nr. 4, S. 28-39.

Reinhard M. & Schmalholz H.: Technologietransfer in Deutschland. Stand und Reformbedarf, Berlin/München 1996.

Rigby D. & Zook, C.: Open-Market Innovation. – In: Harvard Business Review, 80 (2002), Nr. 10, S. 80-89.

Rosenberg N.: Inside the Black Box. Technology and Economics, Cambridge 1982.

Rotering C.: Forschungs- und Entwicklungskooperationen zwischen Unternehmen: eine empirische Analyse, Stuttgart 1990.

Rüegg-Stürm J.: Das neue St. Galler Management-Modell. Grundkategorien einer integrierten Managementlehre. Der HSG-Ansatz, 2. Auflage, Bern/Stuttgart/Wien 2003.

Sabisch H.: Erfolgsfaktoren des Wissens- und Technologietransfers. – In: Pleschak F. (Hrsg.): Technologietransfer – Anforderungen und Entwicklungstendenzen, Stuttgart 2002, S. 17-26.

Salter A.J. & Martin B.R.: The economic benefits of publicly funded basic research: a critical review. – In: Research Policy, 30 (2001), S. 509-532.

Schmoch U.: Konzepte des Technologietransfers. – In: Schmoch U., Licht G. & Reinhard M. (Hrsg.): Wissens- und Technologietransfer in Deutschland, Stuttgart 2000a, S. 3-13.

Schmoch U.: *Wissens- und Technologietransfer aus öffentlichen Einrichtungen im Spiegel von Patent- und Publikationsindikatoren. – In: Schmoch U., Licht G. & Reinhard M. (Hrsg.): Wissens- und Technologietransfer in Deutschland, Stuttgart 2000b, S. 17-37.*

Schmoch U.: *Wissenschaftliche Publikationen von Unternehmen. – In: Schmoch U., Licht G. & Reinhard M. (Hrsg.): Wissens- und Technologietransfer in Deutschland, Stuttgart 2000c, S. 269-271.*

Schmoch U.: *Abschließende Betrachtungen. – In: Schmoch U., Licht G. & Reinhard M. (Hrsg.): Wissens- und Technologietransfer in Deutschland, Stuttgart 2000d, S. 423-429.*

Schmoch U.: *Leistungsfähigkeit und Strukturen der Wissenschaft im internationalen Vergleich, Studien zum deutschen Innovationssystem, Nr. 13, Karlsruhe 2004.*

Schmoch U., Licht G. & Reinhard M. (Hrsg.): *Wissen- und Technologietransfer in Deutschland, Stuttgart 2000.*

Senker J.: *Tacit Knowledge and Models of Innovation. – In: Industrial and Corporate Change, 4 (1995), S. 425-447.*

Shani D. & Chalasani S.: *Exploiting Niches Using Relationship Marketing. – In: The Journal of Consumer Marketing, 9 (1992), Nr. 3, S. 33-42.*

Shostack L.: *How to Design a Service. – In: European Journal of Marketing, 16 (1982), Nr. 1, S. 49-63.*

Shostack L.: *Designing Services That Deliver. – In: Harvard Business Review, 62 (1984), Nr. 1, S. 133-139.*

Shostack L.: *Service Positioning Through Structural Change. – In: Journal of Marketing, 51 (1987), Nr. 1, S. 34-43.*

Stahl H.K.: *Modernes Kundenmanagement. Wenn der Kunde im Mittelpunkt steht. Praxiswissen Wirtschaft, Band 47, Renningen/Malmsheim 1998.*

Stifterverband für die Deutsche Wissenschaft (Hrsg.): *Innovationsfaktor Kooperation. Bericht des Stifterverbandes zur Zusammenarbeit zwischen Unternehmen und Hochschulen, Essen/Berlin 2007.*

Stifterverband für die Deutsche Wissenschaft (Hrsg.): *Ländercheck. Lehre und Forschung im föderalen Wettbewerb, Essen 2010.*

Stokes D.E.: *Pasteur's Quadrant: Basic Science and Technological Innovations, Washington D.C. 1997.*

Ulrich H. & Krieg W.: *Das St. Galler Management Modell, 3. Auflage, Bern 1974.*

Walter A.: Der Beziehungspromotor. Ein personaler Gestaltungsansatz für erfolgreiches Relationship Marketing, Wiesbaden 1998.

Walter A.: Technologietransfer zwischen Wissenschaft und Wirtschaft. Voraussetzungen für den Erfolg, Wiesbaden 2003.

Wissenschaftsrat (Hrsg.): Empfehlungen zu Public Private Partnerships (PPP) in der universitätsmedizinischen Forschung, Drs. 7695-07, Berlin 2007a.

Wissenschaftsrat (Hrsg.): Empfehlungen zur Interaktion von Wissenschaft und Wirtschaft, Drs. 7865-07, Oldenburg 2007b.

Wissenschaftsstatistik gGmbH im Stifterverband für die Deutsche Wissenschaft (Hrsg.): FuE-Datenreport 2009, Forschung und Entwicklung in der Wirtschaft, Bericht über die FuE-Erhebungen 2007, Essen 2009.

Wissenschaftsstatistik gGmbH im Stifterverband für die Deutsche Wissenschaft (Hrsg.): FuE-Facts. Zahlen und Fakten aus der Wissenschaftsstatistik gGmbH im Stifterverband, Ausgabe Januar 2010.

Zeithaml V.A, Berry L.L. & Parasuraman, A.: The Nature and Determinants of Customer Expectations of Service. – In: Journal of the Academy of Marketing Science, 21 (1993), Nr. 1, S. 1-12.

Zeithaml V.A., Bitner M.J. & Gremler D.D.: Services Marketing. Integrating Customer Focus Across the Firm, 5. Auflage, New York 2009.

Anhang

Der Anhang enthält mit dem Glossar, den Tabellen zur Beurteilung der Portfolio-Kriterien und der Liste der befragten Experten zusätzliche Dokumente, die das Verständnis dieser Arbeit erleichtern.

Glossar

Absorptionsfähigkeit: Die Absorptionsfähigkeit bestimmt die Fähigkeit eines Unternehmens, den Wert von neuen externen Informationen zu erkennen, zu assimilieren und zu nutzen.

Akquisitionsschiene: Erste Phase im Verkaufsprozess, in der die Kundenanfrage gesteuert wird. Produkte werden entweder „gekauft" (Akquisitionsschiene 1) oder „aktiv verkauft" (Akquisitionsschiene 2).

Down Payment: In Lizenzverträgen die erste (ggf. auch mehrere) feste Zahlung nach Vertragsabschluss.

Drei-Prozent-Ziel: Beschluss des Europäischen Rats von 2002, die Ausgaben für Forschung und Entwicklung in der Europäischen Union bis 2010 auf drei Prozent des Bruttoinlandsprodukts zu steigern.

Erfindungen: Forschungsergebnisse, die über ein wirtschaftliches Potenzial verfügen, deren ökonomische Nützlichkeit aber noch nicht gezeigt wurde. Patente werden auf Erfindungen erteilt, wenn sie neu sind, auf einer erfinderischen Tätigkeit beruhen und gewerblich anwendbar sind.

F&E: Im Rahmen dieser Arbeit werden unter F&E vorwiegend industrienahe Forschungs- und Entwicklungsleistungen betrachtet, die darauf zielen, neue Produkte hervorzubringen.

F&E-Intensität:	Anteil der Ausgaben für F&E am Umsatz eines Unternehmens bzw. am Bruttoinlandprodukt.
Grundlagenforschung:	Forschung, deren Ziel die Gewinnung grundlegender Erkenntnisse über die Zusammenhänge in der Natur ist. Diese Forschung kann neugiergetrieben oder nutzenorientiert sein.
Helmholtz-Gemeinschaft:	Die Helmholtz-Gemeinschaft betreibt öffentlich geförderte, nutzenorientierte Grundlagenforschung zur Lösung großer und drängender Fragen von Gesellschaft, Wissenschaft und Wirtschaft. Sie ist mit 30.000 Mitarbeitern und einem Jahresbudget von rund 3 Milliarden Euro die größte Forschungsorganisation Deutschlands. Ihre Arbeit steht in der Tradition des Naturforschers Hermann von Helmholtz.
Innovation:	Technische, soziale oder organisatorische Neuerungen, die zu Wettbewerbsvorteilen führen können und von denen ein nützlicher, ökonomischer Effekt ausgeht.
Innovationsgrad:	Neuheitsgrad von Innovationen. Erstreckt sich von inkrementellen (geringfügigen) Produktverbesserungen bis zu fundamentalen Innovationen.
Innovationsreife:	Entwicklungshöhe einer Erfindung. Sie wird durch das Ausmaß beschrieben, in dem noch zeit- und kostenintensive Entwicklungsarbeiten bis zur Marktreife benötigt werden.
IP:	Intellectual Property oder geistiges Eigentum. Dabei handelt es sich um Erfindungen, deren Verwertungspotenzial durch Schutzrechte nachgewiesen wurde.

Key-Account: Die wichtigsten Kunden und Partner werden als Schlüsselkunden bezeichnet und mit dem Key-Account-Management in einem besonderen Programm bearbeitet.

KMU: Kleine und mittlere Unternehmen (KMU) sind Unternehmen mit weniger als 250 Beschäftigten, die einen Jahresumsatz von maximal 50 Millionen Euro oder eine Jahresbilanzsumme von maximal 43 Millionen Euro haben, und die nicht zu 25 % oder mehr des Kapitals und der Stimmenanteile im Besitz von einem oder mehreren Unternehmen gemeinsam stehen, die die Kriterien eines KMU nicht erfüllen.

Öffentliche Forschung: Forschung, die überwiegend von der öffentlichen Hand finanziert und an Hochschulen oder außeruniversitären Forschungseinrichtungen durchgeführt wird.

Pakt für Forschung und Innovation:

Mittel aus dem Pakt für Forschung und Innovation erhalten die Fraunhofer-Gesellschaft, die Max-Planck-Gesellschaft, die Helmholtz-Gemeinschaft, die Leibniz-Gemeinschaft sowie die Deutsche Forschungsgemeinschaft. Bund und Länder haben zugesagt, die finanziellen Zuwendungen an diese Organisationen bis 2010 um drei Prozent pro Jahr und in den Jahren 2011 bis 2015 um fünf Prozent pro Jahr zu steigern.

Proof of Concept: Nachweis der prinzipiellen Machbarkeit eines Vorhabens; ist häufig mit der Entwicklung eines Prototypen verbunden.

Royalties:	Laufende Lizenzgebühren, die meist in Abhängigkeit vom Geschäftserfolg über die Zeit berechnet werden (z. B. Prozentsatz vom Umsatz).
Tacit Knowledge:	Personengebundenes Wissen, das durch Erfahrung aufgebaut wurde und nicht durch Verträge, Publikationen oder Dateien übertragen werden kann, sondern nur durch persönliche Interaktionen.
Technologietransfer:	Alle Aktivitäten, die dazu beitragen, Forschungsergebnisse aus der öffentlichen Forschung zum Nutzen der Gesellschaft zu entwickeln und mit Hilfe von Unternehmen zu kommerzialisieren. Der Transfer von Technologie beinhaltet immer auch den Transfer von Wissen.
Transaktionskosten:	Gesamter Aufwand für die externe Technologiebeschaffung. Wesentliche Einflussfaktoren sind Einzigartigkeit der Leistungen, Unsicherheit und Schutzrechte für die Verwertung.
Transfer-Geber:	Einrichtung, die Forschungsergebnisse und Projekte zur Verwertung anbietet.
Transfer-Nehmer:	Kunde, der Forschungsergebnisse kommerzialisiert.
Transferstelle:	Operative Einheit des Technologietransfers, die zwischen Wissenschaft und Wirtschaft vermittelt.

Beurteilung der Portfolio-Kriterien

Relative Wettbewerbsposition	Schwäche (2)	Neutral (5)	Stärke (8)	Gewicht
Schutzrechtssituation	Die Eigentumsverhältnisse der Erfindungen sind ungeklärt.	Die Eigentumsverhältnisse der Erfindungen sind geklärt.	Die rechtlichen Rahmenbedingungen sind geklärt, die Erfindung ist zum Patent angemeldet.	0,40
Interne Kooperationsbereitschaft	Die Wissenschaftler im Projekt haben kein Interesse an Industrieprojekten; Kooperationen in der Vergangenheit sind gescheitert.	Es besteht großes Interesse an einer Kooperation, aber es fehlt ein Referenzprojekt bzw. oder nur mittleres Interesse, aber erfolgreiche Referenzen.	Sehr großes Interesse an einer Kooperation und viele erfolgreiche Industriekooperationen als Referenzen.	0,20
Wissenschaftliche Qualität	Die Wissenschaftler im Projekt sind nicht wettbewerbsfähig, die Publikationsleistung ist schwach.	Die Begutachtungsergebnisse sind gut, die Wissenschaftler publizieren regelmäßig in guten Journalen.	Hervorragende Begutachtungsergebnisse; Projekt gehört zu den Top 5 weltweit; jährlich mehrere Publikationen in Top-Journalen.	0,20
Innovationsreife	Das Projekt befindet sich in einem sehr frühen Stadium, das noch umfangreiche F&E-Maßnahmen erfordert.	Die prinzipielle Machbarkeit wurde gezeigt (Proof of Concept).	Die wissenschaftliche und wirtschaftliche Machbarkeit wurde gezeigt. Die klinische Phase II ist erfolgreich abgeschlossen.	0,20
Marktattraktivität	Schwäche (2)	Neutral (5)	Stärke (8)	Gewicht
Unmet Medical Need	Es besteht nur ein geringer gesellschaftlicher Bedarf oder es sind bereits wirksame medizinische Ansätze etabliert.	Indikation mittlerer Relevanz oder hohe Relevanz aber bereits etablierte medizinische Verfahren am Markt.	Indikation ist ein großes medizinisches Problem, für das es derzeit keine Therapiemöglichkeit gibt.	0,35
Wirtschaftliches Potenzial	Kaum potenzielle Kunden oder geringe gesellschaftliche Akzeptanz oder gesättigter Markt mit wirksamen patentrechtlich geschützten Produkten.	Mittelgroßer oder schwierig zu erschließender Markt oder bereits therapeutische Optionen vorhanden, deren Wirksamkeit nicht optimal ist.	Neuer unbesetzter Markt mit vielen Patienten oder breite Anwendung in vielen Indikationsgebieten.	0,35
Zahl der Wettbewerber	Auf dem Feld wird in sehr vielen Einrichtungen weltweit geforscht oder große Konkurrenz durch viele interne F&E-Projekte.	Weltweit sind 20 bis 30 Einrichtungen mit relevanten Arbeiten auf diesem Forschungsfeld tätig.	In dem relevanten Forschungsfeld arbeiten maximal fünf Einrichtungen weltweit.	0,15
Innovationsgrad	Keine oder nur sehr geringfügige Verbesserung gegenüber bisherigen Verfahren.	Innovation, die zu einer deutlichen Verbesserung der bisherigen medizinischen Optionen führt.	Fundamentale Innovation, die zu einem medizinischen Durchbruch oder Substitution bisheriger Verfahren führen kann.	0,15

Tabelle 19: Skalierung der Kriterien für das Nutzenportfolio.

	Wettbewerbsposition/Marktattraktivität		Datum:		
	Forschungsprogramm:				
Nr.	Kriterien der Wettbewerbsposition	Kurze Situationsbeschreibung und Begründung	Bewertung	Gewichtung	Punkte
1					
2					
Gesamtbewertung Wettbewerbsposition				1,0	
Nr.	Kriterien der Marktattraktivität	Kurze Situationsbeschreibung und Begründung	Bewertung	Gewichtung	Punkte
Gesamtbewertung Marktattraktivität				1,0	

Tabelle 20: Auszug aus einem beispielhaften Beurteilungsbogen

Relative Wettbewerbsposition	Schwäche (2)	Neutral (5)	Stärke (8)	Gewicht
Strategische Kompatibilität	Es ergeben sich nur geringe Vorteile aus einer Kooperation.	Eine Zusammenarbeit führt nur in einigen Bereichen zu strategischen Vorteilen	Die Kompetenzen ergänzen sich hervorragend und eröffnen eine Vielzahl neuer Forschungs- und Geschäftsmöglichkeiten.	0,40
Technologische Kompatibilität	Geringer Verwandtschaftsgrad und keine Schnittstellen.	Kompatibilitäten auf einigen Feldern oder insgesamt mittlere Kompatibilität.	Sehr hohe Kompatibilität und zahlreiche existierende Schnittstellen zu vorhandenen Technologien im Unternehmen.	0,40
Kulturelle Kompatibilität	Kulturen unterscheiden sich sehr stark voneinander.	Übereinstimmung nur in einigen Aspekten.	Weitgehende Übereinstimmung der Kulturen.	0,20
Relative Wettbewerbsposition	Schwäche (2)	Neutral (5)	Stärke (8)	Gewicht
Kompetenzposition	Sehr hohe F&E-Intensität und eigene Kompetenzen oder Bereich einer Kernkompetenz, die nur intern bearbeitet wird.	Unternehmen benötigt teilweise externe Kompetenzen für die eigene Entwicklung.	Kooperation ergänzt die unternehmenseigenen Kernkompetenzen und eröffnet neue Geschäftsfelder.	0,40

Kooperations-haltung	„Not-invented-here"-Syndrom oder großes Risiko einer Ausbeutung durch das Unternehmen.	Mittlere Kooperationsbe-reitschaft bzw. in einigen Bereichen	Große Offenheit und viel Erfahrung mit externen Partnern und fairer Umgang miteinander.	0,30
Absorptionsfä-higkeit und Finanzkraft	Geringe Finanzkraft (Cashflow-Marge unter 5 %) und keine Kompetenzen, um die Forschungsergebnisse für das Unternehmen nutzbar zu machen.	Das Unternehmen verfügt entweder nur über eine hohe Finanzkraft bzw. Absorptionsfähigkeit oder beides in mittlerer Stärke. Cashflow-Marge 5 - 8 %.	Unternehmen ist technologisch und finanziell in der Lage, Erfindungen bis zur Marktreife zu entwickeln. Cashflow-Marge über 8 %.	0,30

Tabelle 21: Skalierung der Kriterien für das Kundenportfolio

Expertenpanel

Folgende Experten haben an der Befragung teilgenommen und diese Arbeit durch Anregungen und Kommentare unterstützt:

Dr. Bernd Eisele, Geschäftsführer der Vakzine Projekt Management GmbH. Gespräch am 31.05.2010.

Dr. Karsten Gröger, Bereichsleiter Forschung und Entwicklung der Berlin Chemie AG.

Dr. Klaus Wilgenbus, Corporate Senior Vice President Business Development, Licensing & Strategy der Boehringer Ingelheim GmbH.

Dr. Guido von Scheffer, Direktor der IPB – IP Bewertungs AG. Gespräch am 20.04.2010.

Dr. Christian Stein, Geschäftsführer, Ascenion GmbH. Gespräch am 29.09.2008 und 27.04.2010.

Prof. Dr. Dr. Günther Stock, Präsident der Berlin-Brandenburgischen Akademie der Wissenschaften und bis 2005 Mitglied des Vorstandes der Schering AG, wo er u. a. für die F&E zuständig war.

Prof. Dr. Günther Wess, Wissenschaftlich-technischer Geschäftsführer des Helmholtz-Zentrums München und bis 2005 Leiter der Medikamentenentwicklung bei Hoechst Marion Roussel in Deutschland bzw. der Nachfolgefirma Aventis. Gespräch am 14.04.2010.

Dr. Mark Wolters, Leiter Office of Technology der Bayer Schering Pharma AG. Gespräch am 16.06.2010.

Zusätzlich wurde ein weiteres Gespräch bezüglich der Rahmenbedingungen für eine Implementierung des Konzepts geführt:

Prof. Dr. Walter Rosenthal, Wissenschaftlicher Vorstand des Max-Delbrück-Centrums für Molekulare Medizin (MDC) Berlin-Buch in der Helmholtz-Gemeinschaft.

Gespräch am 29.06.2010.

Kurzprofil – Thomas Gazlig

Thomas Gazlig
tgazlig@hotmail.com

Berufspraxis

Seit 07/2012	**Kaufmännischer Leiter der CharitéCentren 2 und 4**
	(Charité – Universitätsmedizin Berlin)
09/2004-06/2012	**Leiter Kommunikation und Medien**
	(Helmholtz-Gemeinschaft Deutscher Forschungszentren)
10/2005-07/2008	**Projektleitung Haus der kleinen Froscher (geschäftsführend)**
	(Helmholtz-Gemeinschaft Deutscher Forschungszentren)
09/1998-08/2004	**Leiter Presse- und Öffentlichkeitsarbeit**
	(Helmholtz-Zentrum für Infektionsforschung)
06/1995-08/1998	**Pressereferent**
	(Öffentliche Versicherung Braunschweig)
02/1994-05/1995	**Mitarbeiter in der Pressestelle**
	(Niedersächsisches Ministerium für Wissenschaft und Kultur)

Ausbildung

10/2008-09/2010	**St. Galler Business School**
	Dipl. Betriebwirtschafter SGBS
10/1993-07/1996	**Hochschule für Musik und Theater Hannover**
	Journalistik, Dipl. Journalist
10/1987-09/1993	**Technische Universität Braunschweig**
	Biologie, Dipl. Biologe

Beispiele von Diplomarbeiten 2011 (Auszug)

- Neuerschliessung strategischer Geschäftsfelder am Beispiel des Markteintritts der X-KG in Japan

- Bestandsaufnahme einer Marktausrichtung im Bereich der Informationssicherheit am Beispiel der X Group

- Familienunternehmen. Welche Bedeutung hat das Prinzip der Nachhaltigkeit für Familienunternehmen?

- CSR – Management von und Management für Nachhaltigkeit

- Key Account Management vs. Flächengebietsverkauf am Beispiel des Segments der stationären Gasmesstechnik der X Company

- Konzeptionierung und Vermarktung des neuen Beherbergungskonzepts der „X" mit Schwerpunkt auf Corporate Branding Management

- Ausarbeitung und Bewertung strategischer Optionen für die Firma X innerhalb der Zigarettenindustrie

- Prüfung der Wiedereinführung von X Beutelsystemen auf dem österreichischen Markt
- Gründung und Weiterentwicklung einer Marktfolge sowie deren

- Mitten in der Globalisierung. In der Krise. Was hat sich im Bankenalltag geändert? Wie reagiert eine regionale genossenschaftliche Bank auf diese Einflussfaktoren?

- NGO – Führung im Übergang. Eine Fallstudie zum Strategie Management des X Centers

- Risiko- und Potentialanalyse für den Ausbau des Exportgeschäfts der X Bäckereien

- Wettbewerbsanalyse für die Business Unit Y der X AG

- Marketing Strategie. Digital Marketing Consulting

- Innovationskultur – Leuchtfeuer für Innovationen entfachen

- Prozessmanagement: Theorie und Praxis anhand eines Beispiels „administrativer Verkauf bei X"

- Umsetzung einer Wachstums- und Akquisitionsstrategie für einen mittelständischen Kaffeeröster
- Die Relevanz einer CRM-Strategie in der Pharmaindustrie – Die

zukünftige Rolle in einer Vertriebsbank am Beispiel einer Muster Sparkasse

- Change- / Veränderungsmanagement

- X in Griechenland - Markteintrittsszenarien

- Definition von Methoden sowie Erarbeitung einer Prozessbeschreibung zur einheitlichen strategischen Marktbearbeitung

- Leadership im Cockpit; Standort und Entwicklung

- Aufbau und Implementierung einer mehrstufigen Deckungsbeitragsrechnung in einem mittelständischen Unternehmen der Metallindustrie am Beispiel der X GmbH

- Einflussmöglichkeiten auf den Produktlebenszyklus eines ethischen Arzneimittels am Beispiel von X

- Markenführung mit E- und M-Commerce – M-Commerce Bedienung von Geldautomaten

Anforderungen an ein komplexes Kundenmanagement

- Institutionalisiertes Schnittstellenmanagement als integraler Bestandteil von Outsourcinglösungen im Bankengewerbe

- Handbuch für Projektmanager in Einfluss- und Matrix-Projektorganisationen

- Strategische Massnahmen der X GmbH für den Chinesischen Markt

- Rückwirkende Problemanalyse des Change Management von X Systems sowie Skizzierung potentzieller Lösungsansätze zur nachhaltigen Implementierung

- Optimierung des Budgetierungsprozesses der X Gruppe

- Aufbau einer kundenorientierten Marktstrategie im Bereich der Informationssicherheit am Beispiel X

- Strategische Unternehmensausrichtung, Standardisierungs und Modularisierung der Organisation für Unternehmen mit geschäftsfeldbedingten differenzierten

- Kundenanforderungen erkennen. Eigene Stärken nutzen, Produkt-Neueinführung orientiert am Markt und integriert im Unternehmen

- Strategische Entwicklung eines digitalen wissenschaftlichen Publikationsmediums (eJournal) im Bereich der Medizin und der Biotechnologie

- Chancen und Risiken der kleinen und mittleren Unternehmen (KMU) hinsichtlich der volkswirtschaftlichen Rahmenbedingungen, der Internationalisierung und der Globalisierung

- Der Weg zu höherer Effizienz am Beispiel des Vertriebs in Zentraleuropa der X Inc.

- Der ideale Vertriebspartner für die Firma X

- Marktanalyse der deutschen Logistikbranche im Hinblick auf Auswirkungen der Finanzkrise im Allgemeinen und im Besonderen auf die Finanzkennzahlen ausgewählter Wettbewerber der X-Gruppe

- Ermittlung von neuen Technologien für die Herstellung und Fertigstellung von Backwaren im Rahmen des X-Projektes

- Analyse Unterdeckung Lösungszentrum X und Massnahmen für ein ausgeglichenes Ergebnis

- Implementierung eines Key Account Managements in einem mittelständischen Verlagsunternehmen

- Bedeutung und Eigenart kleiner und mittelständischer Unternehmen

- Hochleistungsorganisation: Der Wandel von einem regionalen Marktführer zu einer modernen Kommerzbank, dargestellt anhand der X

- X – vom Computerhändler zum Lifestyle-Anbieter

- Europäische Wachstumsstrategie eines mittelständischen Lebensmittel-Unternehmens

- Prozess und Change Management: Theorie und Praxis „administrativer Verlauf bei X"

Das St. Galler Konzept Integriertes Management
Die «St. Galler Schule»

Die «St. Galler Schule» hat sich frühzeitig von rein ökonomistischen Vorstellungen der traditionellen Betriebswirtschaftslehre emanzipiert, indem sie ihren Schwerpunkt auf die Entwicklung einer Lehre von der Unternehmungsführung sozialer Systeme legte. Ihr Begründer Hans Ulrich als Professor der damaligen Hochschule – jetzt «Universität St. Gallen (HSG)» genannt – erkannte die integrierende Kraft des Systemansatzes im Spannungsfeld von Wirtschafts- und Sozialwissenschaften und erarbeitete mit Kollegen und Mitarbeitern das sogenannte St. Galler Management-Modell als eine sich der Wirtschaftspraxis annähernde Ausformung einer Managementlehre. Es war Knut Bleicher anschliessend vergönnt, als Nachfolger Ulrichs dieses Werk zusammen mit befreundeten Kollegen und Mitarbeitern zum «St. Galler Management-Konzept» weiterzuentwickeln, welches nunmehr unter dem Titel «Das Konzept Integriertes Management» bereits in der 8. vollständig überarbeiteten und erweiterten Auflage beim Campus-Verlag Frankfurt/New York vorliegt.

Mit diesem Werk wird dem Manager, der Managerin eine Denklandkarte und Steuerungshilfe zur Verfügung gestellt, welche gerade den heutigen, hochkomplexen, globalen Anforderungen an Unternehmen gerecht wird. Allerdings vermittelt der von Professor Knut Bleicher weiterentwickelte St. Galler Ansatz bewusst keine Rezepte oder einfache Patentlösungen. Vielmehr bietet er einen Gestaltungsrahmen, ein «Leerstellengerüst für Sinnvolles» (nach Ulrich), mit dem Führungskräfte dank besserer Kenntnis der Gesamtzusammenhänge Probleme selbst identifizieren und mögliche Lösungen finden können. Dazu werden dem praktizierenden erfahrenen Manager mittels eines spezifischen Bezugsrahmens und einem darauf abgestimmten Vorgehenskonzept wesentliche Denkanstösse und Instrumente an die Hand gegeben werden, die es ihm ermöglichen, das ganzheitliche St. Galler Gedankengut auf das eigene Unternehmen bzw. spezifische Problemstellungen zu übertragen. Daraus resultieren Antworten und Kernaussagen zur Bewältigung des sich vollziehenden Wandels.

Das Buch zum Konzept

Meilensteine der Entwicklung eines Integrierten Managements

Während das Buch zum Konzept in strukturierter Form die Grundlagen und Zusammenhänge des Konzeptes wiedergibt, sind im Umfeld seiner Erarbeitung und Weiterführung vielfältige vertiefende Beiträge von Knut Bleicher in Fachzeitschriften und Sammelwerken erschienen, die die Entwicklung des Managementkonzepts nachzeichnen, vertiefen und ergänzen, wobei vor allem auch tangenziale Bezüge zu angrenzenden Spezialfragen eröffnet werden. Dr. Christian Abegglen hat die aufwendige Aufgabe übernommen, diese einem interessierten Kreis von Wissenschaftlern und vor allem Führungskräften in der Praxis näher zu bringen. Das umfangreiche Textmaterial wurde dabei zu sechs Bänden zusammengefasst und geordnet, die sich jeweils mit zentralen Fragen des normativen, strategischen und operativen Managements auseinandersetzen:

Band 4 (aktuell erschienen): Managementsysteme

Die strukturelle Gestaltung der Unternehmung hat den in der Vision und in den Missionen vorgegebenen Zukunftskurs der Unternehmung und die strategische Programmgestaltung zu unterstützen, in dem sie menschliches Verhalten bei der Problemerkenntnis und operativen Problemlösung in erfolgsversprechende geordnete Bahnen lenkt. In diesem Zusammenhang kommt der Ausgestaltung von Managementsystemen und der Verhaltenssteuerung zum Ausgleich eine besondere Bedeutung zu.

Band 1: Management im Wandel von Gesellschaft und Wirtschaft

Der sich vollziehende Wandel in unseren gesellschaftlichen und wirtschaftlichen Rahmenbedingungen lässt eingangs die Frage nach den notwendigen Konsequenzen im Denken und Handeln des Managements stellen und verlangt andersartige Konzepte.

Band 2: Strukturen und Kulturen der Organisation im Umbruch

Der dargestellte Wandel von Gesellschaft und Wirtschaft bleibt nicht ohne gravierenden Einfluss auf Strukturen und Kulturen der Organisationen, die sich den neuen Rahmenbedingungen anpassen müssen. Neue Organisationsformen sind erkennbar und stossen aber auch an Grenzen. Am Horizont zum Neuen eröffnen sich jedoch interessante Perspektiven einer systemischen Organisationsgestaltung und Führung für die Zukunft.

Band 3: Normatives und strategisches Management in der Unternehmensentwicklung

In diesem Band wird die identitätsschaffende Rolle der Unternehmensphilosophie herausgearbeitet, die für die Anpassung der Neubewertung von Unternehmen konstitutiv ist. Das strategische Management ist anschliessend auf die Ausrichtung von Aktivitäten zur Gewinnung von Wettbewerbsvorteilen programmatisch auszurichten und zu konzentrieren, was eine Konzentration verfügbarer Ressourcen und Kräfte im Wettbewerb am Markt erfordert.

Wissenschaftlicher Hintergrund des Systemorientierten Managements

Band 4
Managementsysteme
(erschienen Oktober 2011)
ISBN 3-89929-074-7

Band 5
Human Resources Management
(erscheint November 2012)

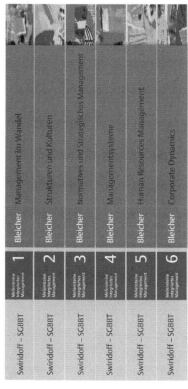

Band 1
Management im Wandel von
Gesellschaft und Wirtschaft
ISBN 3-89929-052-6

Band 2
Strukturen und Kulturen
ISBN 3-89929-055-0

Bände 1-6
Meilensteine der Entwicklung eines Integrierten
Managements
Swiridoff Verlag, St.Galler Business Books & Tools

Band 3
Normatives und Strategisches
Management
ISBN 3-89929-073-9

Management Valley St. Gallen –
Interview mit Prof. emer. Dr. Dres. h.c. Knut Bleicher

St. Gallen ist zu einem Standort für Management-Ausbildung geworden, zig Akademien und Business Schools haben sich hier niedergelassen, die den St. Galler Ansatz unterrichten. Tun diese Akademien das wirklich alle?

St. Gallen hat sich in der Tat zu einem Mekka der Managementausbildung entwickelt – zu einem Consulting Valley bzw. später zu einem Management Valley– was bereits von meinem Vorgänger an der Universität St. Gallen, Prof. Dr. Dres. h.c. Hans Ulrich erkannt und gefördert wurde. So wird mittlerweile das Denken zahlreicher Manager durch den St. Galler Ansatz geprägt, dem sich das Valley bedingungslos verschrieben hat.

Und dies wohl vor allem deshalb, weil ganz bewusst keine Patentrezepte, keine Scheinlösungen vermittelt werden. Vielmehr geht es uns um das

Prof. emer.
Dr. Dres. h.c. Knut Bleicher

Bieten eines Gestaltungsrahmens – oder wie wir es gerne ausdrücken – um ein «Leerstellengerüst für Sinnvolles» mit Hilfe dessen Herausforderungen identifiziert und potenzielle Lösungswege gefunden werden können.

Aus einer wissenschaftlich-akademischen Perspektive fühlt sich einerseits die Universität St. Gallen (HSG), heute von vielen als eine der besten Ausbildungsstätten für den betriebswirtschaftlichen Nachwuchs bezeichnet, nach wie vor dem St. Galler Ansatz verpflichtet und vermittelt diesbezügliches Wissen an die jungen Studenten.

Auf der anderen Seite haben es zahlreiche privatwirtschaftlich organisierte Institutionen – oftmals direkte oder indirekte Spin-offs der Universität St. Gallen, man denke an das Malik Institute oder an die SGBS St. Galler Business School – verstanden, den St. Galler Management-Ansatz in Form von Seminaren, Management-Programmen und Consulting-Leistungen umzusetzen und entsprechend weiter zu verbreiten. Diese meist privat organisierten Gesellschaften haben – im Gegensatz zur Universität mit staatlichem Auftrag – keine Jung-Studenten im Fokus, sondern konzentrieren sich auf erfahrene Führungskräfte.

Genau dies entspricht auch der Absicht und dem Ziel von Hans Ulrich und mir, und ich meine auch meiner Nachfolger. Wir wollten und wollen das Management-Valley St. Gallen permanent weiterentwickeln.

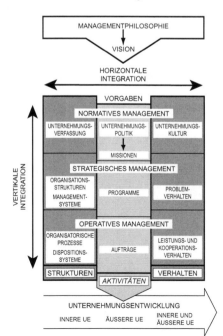

Die Leader im Valley, und dazu gehören neben der Universität St. Gallen, bestimmt vornehmlich die privatrechtlich gehaltene SGBS St. Galler Business School, 1994 mitbegründet und aufgebaut von Dr. C. Abegglen, sowie das ehemalige von Prof. Dr. F. Malik gegründete Management Zentrum St. Gallen, heute Malik Institute genannt. Abegglen konzentriert sich vornehmlich auf Management-Aus- und Weiterbildung, Malik eher auf Consulting und Inhouse-Aktivitäten.

Diese St. Galler Institutionen setzen den St. Galler Ansatz sicher auf vorbildliche Art und Weise um, mit unterschiedlichen Schwerpunkten natürlich: Die von mir nach der Emeritierung lange Zeit begleitete St. Galler Business School setzt dabei auf mein «Integriertes Konzept», die Universität hat das ursprüngliche Ulrich Modell in ein sog. «Neues St. Galler Modell» überführt. Beides ist zweckdienlich.

Ein Höchstmass an Qualität, Kundenzufriedenheit und Praxisrelevanz ist für mich ein Muss, wer dies nicht liefert, den bestraft glücklicherweise der Markt.

Also auf den Punkt gebracht: Die erfolgreichen Institutionen leben den St. Galler Ansatz, die anderen werden auf Dauer ihren Platz im Management-Valley nicht sichern und behaupten können.

Gerade heute, wo die Verantwortung der Manager und der Stakeholder-Gedanke diskutiert werden: Welchen Beitrag liefert der St. Galler Ansatz zu dieser Diskussion? Inwieweit soll auch in der Lehre ein anderes Bild vermittelt werden? Inwieweit gelingt das Ihrer Meinung nach?

Gerade der St. Galler Ansatz entfernte sich schon früh vom rein betriebswirtschaftlichem und volkswirtschaftlichem Denken. Vielmehr wurde die Unternehmung als Teilsystem der Gesellschaft erkannt, weshalb diese auch ganzheitlich zu führen ist. Aus diesem Grunde plädiere ich in einigen meiner Beiträge für eine Erweiterung der Betriebswirtschaftslehre durch eine ganzheitliche Managementlehre. Denn Unternehmensführung muss die Gesamtheit im Blick haben – Kennzahlen alleine reichen nicht aus.

Somit ist auch die Sinnfrage zu stellen – also der normative Leitgedanke der Unternehmung aus Perspektive unterschiedlicher Stakeholder zu formulieren. Diese grundsätzlichen Gesetzmässigkeiten der Unternehmung, die wesentlichen Bestandteile der unternehmerischen Identität, sind auf oberster Managementebene zu klären. U.a. aus diesem Grunde habe ich vor knapp über 20 Jahren bei der Weiterentwicklung des St. Galler Management-Ansatzes zu meinem «Konzept Integriertes Management» Unternehmenspolitik, -verfassung und -kultur stark betont und ausgebaut.

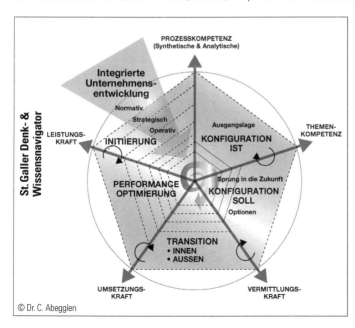

© Dr. C. Abegglen

Diese Elemente stellen die unternehmerische Verantwortung in den Fokus. Verantwortungslose Unternehmensführung kann auf Dauer nicht erfolgreich funktionieren, ist doch das Nachkommen unternehmerischer Verantwortung wesentliche Voraussetzung für die Zufriedenheit der Kunden, Mitarbeiter, Shareholder usw.

Es zeigt sich heute, dass das in den Managementtrainings vermittelte Bild eines integrierten, ganzheitlichen und somit auch verantwortungsvollen Managements in vielen Unternehmungen bereits gelebt wird und zum täglichen Handeln zu zählen ist.

Diese Themen sind für die Öffentlichkeit sehr wichtig, nur fehlt dort teilweise das diesbezügliche Wirtschafts- und Unternehmenswissen. Hier besteht Handlungsbedarf.

Genau das war einer meiner Gründe als Wissenschaftlicher Leiter und Beiratsvorsitzender der St. Galler Business School tätig zu sein, eben nicht im akademischen Elfenbeinturm zu sitzen, sondern vielmehr direkt in den unterschiedlichsten Unternehmungen, um mit aktuellen Führungskräften die besonderen Herausforderungen von heute anzugehen und dabei zu helfen, diese einer Lösung zuzuführen.

Was ist für Sie die bedeutendste Weiterentwicklung des Ansatzes? Wie muss sich das Modell weiter verändern, um sich des stark veränderten Managementumfeldes künftig anzupassen?

Die Welt ist nicht einfacher geworden, seit im Jahre 1991 das zusammen mit Kollegen der Universität St. Gallen erarbeitete «Konzept Integriertes Management» erstmals in Buchform veröffentlicht

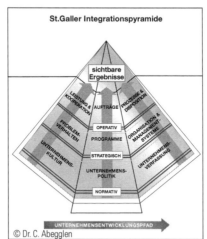

St. Galler Integrationspyramide

© Dr. C. Abegglen

wurde. Seither standen politische Systeme und Wirtschaft beinahe vor dem Abgrund. Diese Entwicklungen sind allerdings nicht überraschend, sie wurden mehrfach vorausgesagt und wurden von mir als Paradigmenwechsel bereits damals skizziert.

In solchen Zeiten der Orientierungslosigkeit und unklarer Gemengenlage wurde und wird nach schneller Hilfe verlangt, nach Patentrezepten. Isolierte Werkzeuge und Regelungen werden eingeführt, diese helfen meist aber nur kurz, da sich die Geschäftsmodelle erstens anzugleichen beginnen und zweitens der Blick für das Gesamte mit entsprechenden Risiken verloren geht.

Wir kamen deshalb schon vor über 20 Jahren zum Schluss, basierend auf den Überlegungen von Kollege Ulrich, dass wir ein umfassend neues Managementverständnis benötigen, wir sprachen von einem notwendigen Paradigmenwandel im Umgang mit den Problemen dieser Welt. Oberstes Ziel war und ist die Generierung eines sogenannten höheren Nutzens zur Begründung der Daseinsberechtigung.

Mehr als zwei Generationen von Studierenden und Führungskräften konnten den neuen geforderten Umgang mit Komplexität in der Welt der Wirtschaft studieren, sie haben gelernt, dass die Geschwindigkeit der Veränderungen und die Informationsflut in einer Welt globaler informatikgestützter Vernetzung andere Denk- und Verhaltensmuster erfordert.

Das theoretische Wissen liegt vor. Tröstlich eigentlich, dass die Welt nicht immer neu erfunden werden muss. Bedrohlich aber, dass dieses Wissen leider häufig nur bedingt oder unvollständig in die Praxis umgesetzt wird. Dies ist umso beklagenswerter angesichts der Fülle an Fachliteratur.

Es besteht eine Lücke zwischen dem was das Management leistet, und dem, was es tun könnte. Dies war lange zu tolerieren. In der heutigen Zeit aber nicht mehr. Führungskräften gelingt es immer weniger, ihr Unternehmen in dem zugegeben verengten Erfolgskorridor einer angestrebten positiven Unternehmensentwicklung zu bewegen. Je stärker das Sichere schwankt, umso eher wird das Falsche getan. Umso komplexer eine Situation, umso stärker baut sich Handlungsdruck auf und umso rascher wird auf kurzfristige, lediglich die Symptome bekämpfende isolierte Rezepte zurückgegriffen. So werden Festungen gebaut und Corporate-Governance-Regelungen vorgeschoben.

Das Einlegen eines echten Vorwärtsganges ist nach wie vor kaum erkennbar. Statt gerade in heutigen Zeiten schnellen Wandels klare langfristige Ziele zu formulieren und diese auch zu kommunizieren, wird in der Hektik fehlende Nachhaltigkeit hingenommen. Nebenwirkungen werden unterschätzt, der Faktor Zeit nicht berücksichtigt, humansoziale und verhaltensspezifische Aspekte wenig beachtet.

Die aktuellen Krisen zeigen somit deutlich, dass uns das grundlegende Verständnis im Umgang mit Komplexität nach wie vor fehlt. Die Theorie ist da, es fehlt an der Umsetzung.

Wie bereits erwähnt, steht für mich bezüglich Weiterentwicklungen fest, dass wir an einem Entwicklungsstand angekommen sind, an welchem die Welt nicht mehr neu erfunden werden muss. Die aktuellsten Herausforderungen sind für mich die Beschäftigung mit, kritische Reflexion von und bedachte Umsetzung des bereits Vorhandenen – also der Transfer in die Praxis.

Die heutige Zeit ist leider auch eine Zeit der Spezialisten, die über immer – zunehmend auch in der BWL – mehr Wissen in einem immer kleineren Teilgebiet verfügen. Dies erschwert die Umsetzung. Wir benötigen somit Wissenschafter – möglichst mit praktischem Hintergrund – mit sehr breiten, themenübergreifenden Interessen und Kompetenzen.

Deshalb steht heute für uns der Praxistransfer, die Anwendung des St. Galler Management-Ansatzes im Fokus. Dr. Abegglen ist als geschäftsführender Direktor der St. Galler Business School permanent mit der Umsetzung und Weiterentwicklung des «Konzeptes Integriertes Management» beschäftigt. Er betreut und entwickelt mein Konzept weiter in Seminaren für das oberste und obere Management, Inhouse Schulungen oder Beratungen und wissenschaftlichen Publikationen (vgl. z.B. Kapitel 12 der 8. Auflage 2011).

Wir arbeiten in den Strukturen von gestern, mit Methoden von heute, hoffentlich an Strategien für morgen, überwiegend mit Menschen, die in den Kulturen von vorgestern die Strukturen von gestern gebaut haben und das Übermorgen nicht mehr erleben werden.

... und gerade der kritischen Reflexion und Änderung dieser Situation habe ich mein Leben gewidmet. Es freut mich sehr, dass Dr. Abegglen und die St. Galler Business School dieses Vermächtnis fortführen. ◆

Prof. emer. Dr. Dres. h.c. Knut Bleicher, Hamburg, 18.1.2012

Eine gekürzte Version dieses Interviews erscheint im Handelsblatt.